야밤에 읽는 만화 그리스 로마 신화
GREEK and ROMAN MYTHOLOGY

야밤에 읽는
만화 그리스 로마 신화
GREEK and ROMAN MYTHOLOGY

김원경 지음

저자의 말

그리스와 로마의 신화에 대한 이야기는 새삼스러울 것이 없다. 고대 그리스인들이 모시던 신들의 이야기에 로마의 부흥이 점점 화려한 이야깃거리들을 더하게 하였고 그것들이 당대 또는 후대의 여러 입담꾼과 시인들의 힘을 빌려 전승되면서 오랜 세월을 거쳐 지금에 이르렀다는 정도가 다일 것이다.

다행스럽게도 요즈음에는 그리스로마 신화에 대한 다양한 판본과 역자의 편저들을 시중에서 쉽게 구할 수 있다. 간편한 축약본부터 전문 학자들의 세밀하고도 촘촘한 해설서와 주석서, 눈이 즐거운 사진집에 가까운 여행 가이드까지 친절한 책자들이 많다. 인터넷은 신화와 관련한 무한의 지식 도서관을 제공해주고 블로거들은 신화를 다양하게 해석하며 또 다른 구전가 역할을 한다. 하지만 이와는 무색하게도 아직도 많은 이들이 알고 있는 신화의 단편들은 토머스 불핀치Thomas Bulfinch가 해석한 그리스로마 신화다. 여기에 헤시오도스Hesiodos의 《신들의 계보Theogonia》가 추가된 정도랄까. 그리스로마 신화가 어찌 《신들의 계보》에 언급된 신들로만 국한될 것이며, 또한 그들의 이야기가 어찌 토머스 불핀치의 글 하나로 정리될 수 있는가. 그 많은 이야기들은 어디로 사라지는 걸까.

문득 신화가 자리를 잘못 잡았다는 생각이 들었다. 그리스로마 신화는 성인의 것이다. 이 신화에는 탐욕과 전쟁과 무분별한 살인이 즐비하다. 신들의 근친상간과, 인간과 동물 간의 이종교배로 인한 혼란, 무자비한 응징, 숨 쉴 틈 없는 집착과 배신이 흔하디 흔하다. 자식들을 잡아먹는 티탄, 통제되지 않는 난봉꾼 제우스, 신탁이라는 이름으로 살인을 밥 먹듯이 이어가는 페르세우스와 헤라클레스로부터 아이들이 꿈과 희망을 배운다는 것은 어불성설이다. 그리스로마 신화는 성인들이 읽어야 할 시어詩語이며 문화의 초석이다.

이 책을 읽다보면 간혹 널리 알려진 신화와는 다른 인과관계와 낯선 이야기들이 등장할 것이다. 구성의 재미를 위하여 여러 판본들에서 취사선택했음을 밝혀둔다. 여러 편저들을 교차 검토해 내용상 반복을 피하려 했고, 지나친 단순화의 모호함을 우려해 여러 판본들의 이론異論을 걸림돌로 놓았다. 이 책의 1부는 헤시오도스의 《신들의 계보》를 뼈대로 삼고 아폴로도로스Apollodoros의 《원전으로 읽는 그리스 신화Bibliotheke》로부터 부수적 이야기와 살을 가져왔다. 2부는 오비디우스Ovidius의 《변신 이야기Metamorphoses》를 중심으로 제임스 프레이저James G. Frazer의 《황금가지Golden Bough》와 마틴 버낼Martin Bernal의 《블랙 아테나Black Athena》 등 여러 학자와 시인들의 말과 글로부터 이견들을 재미로 얹어놓았다. 고유명사 표기는 천병희 선생이 번역한 《원전으로 읽는 그리스 신화》와 《변신 이야기》를 참고했다.

　다양한 신화를 이야기하고 싶었고 많은 시인들의 목소리를 싣고 싶었다. 하지만 단언하건대 절반조차도 가능하지 못했던 것 같다. 이 책을 만들면서 신화의 계보는 헤시오도스의 것이 대단히 훌륭한 안내서임을 확인하게 되었을 뿐이고, 수많은 판본 중에서도 오비디우스의 《변신 이야기》를 발췌해서 엮은 토머스 불핀치가 탁월한 혜안을 가졌음에 탄복할 따름이다.

　저자로서 작은 바람은 이 책이 어느 집에나 먼지 앉은 채 책장 구석에 박혀 있는 '그리스 로마 신화'가 아니라 성인들이 언제든 손쉽게 꺼내들어 낄낄거리며 한 편씩 읽을 수 있는 신화 입문서가 되는 것이다.

차례

저자의 말 4

I
- 1장 세상 이전에 그들이 있었다 신들의 탄생   10
- 2장 일단 낳고 보자 괴물 열전   25
- 3장 죽이려는 아비, 살아남은 아들 크로노스, 제우스   36
- 4장 아비를 거역하라 제우스와 형제들   60
- 5장 신들의 전쟁 티타노마키아   69
- 6장 패배한 신들, 어머니의 자궁에 갇히다 타르타로스   81
- 7장 제우스 최대의 적 튀폰   91
- 8장 피는 물보다 진하다 프로메테우스   99
- 9장 열지 말라면 꼭 열어보는 심리 판도라   118
- 10장 제우스의 난봉질이 시작되다 테미스, 에우뤼노메   133
- 11장 딸 찾아 지옥 삼만리 데메테르   142
- 12장 그녀를 절대 쳐다보지 마라 오르페우스, 에우뤼디케   160
- 13장 제우스가 유일하게 두려워하는 여자 헤라   173
- 14장 아폴론과 아르테미스의 어머니 레토   187
- 15장 교활한 재간둥이 신 헤르메스   200
- 16장 남자 잘못 만나 소가 되다 이오   214
- 17장 황소를 사랑한 여인의 운명 에우로페, 파시파에   232
- 18장 제우스의 민낯을 보고 죽다 세멜레   247
- 19장 그리스로마 신화 최고의 영웅을 낳다 알크메네   259

번외 1 신들의 삼각관계 아레스, 헤파이스토스, 아프로디테 282
번외 2 올림포스의 꺼벙이 포세이돈 287

II

1장 성격 파탄자의 사랑 아폴론 294
2장 누가 이 미소년을 죽였는가 나르키소스 324
3장 나불거리는 입을 싫어하는 신 아테네 332
4장 신화판 로미오와 줄리엣 퓌라모스, 티스베 348
5장 방랑하는 술꾼 디오뉘소스 355
6장 뱀의 이빨로 테바이를 세우다 카드모스 379
7장 메두사의 머리를 취한 영웅 페르세우스 394
8장 피도 눈물도 없는 잔인한 사랑 메데이아 423
9장 모험에 중독된 리틀 헤라클레스 테세우스 459
10장 처녀신의 두 얼굴 아르테미스 497
11장 그리스로마 신화의 살상병기 헤라클레스 518

에필로그 552
그리스로마 신화 계보도 558
참고문헌 562

GREEK AND ROMAN MYTHOLOGY

1장
세상 이전에 그들이 있었다
신들의 탄생

GREEK AND ROMAN
MYTHOLOGY

신화(神話)란 신들의 이야기다.

하지만 신들의 이야기라고 해서 특별하게 다른 것은 없다.

누구누구네 집에 도둑이 들었다더라. 그런데 알고 보니 범인이 옆집 아들이라더라, 따위의 동네에서 접할 수 있는 작은 이야기들부터

어느 나라가 어느 나라에 꽝 하고, 선제공격해 전쟁이 시작되었다더라 같은 커다란 이야기가 사람들이 사는 사회에 존재하는 것처럼

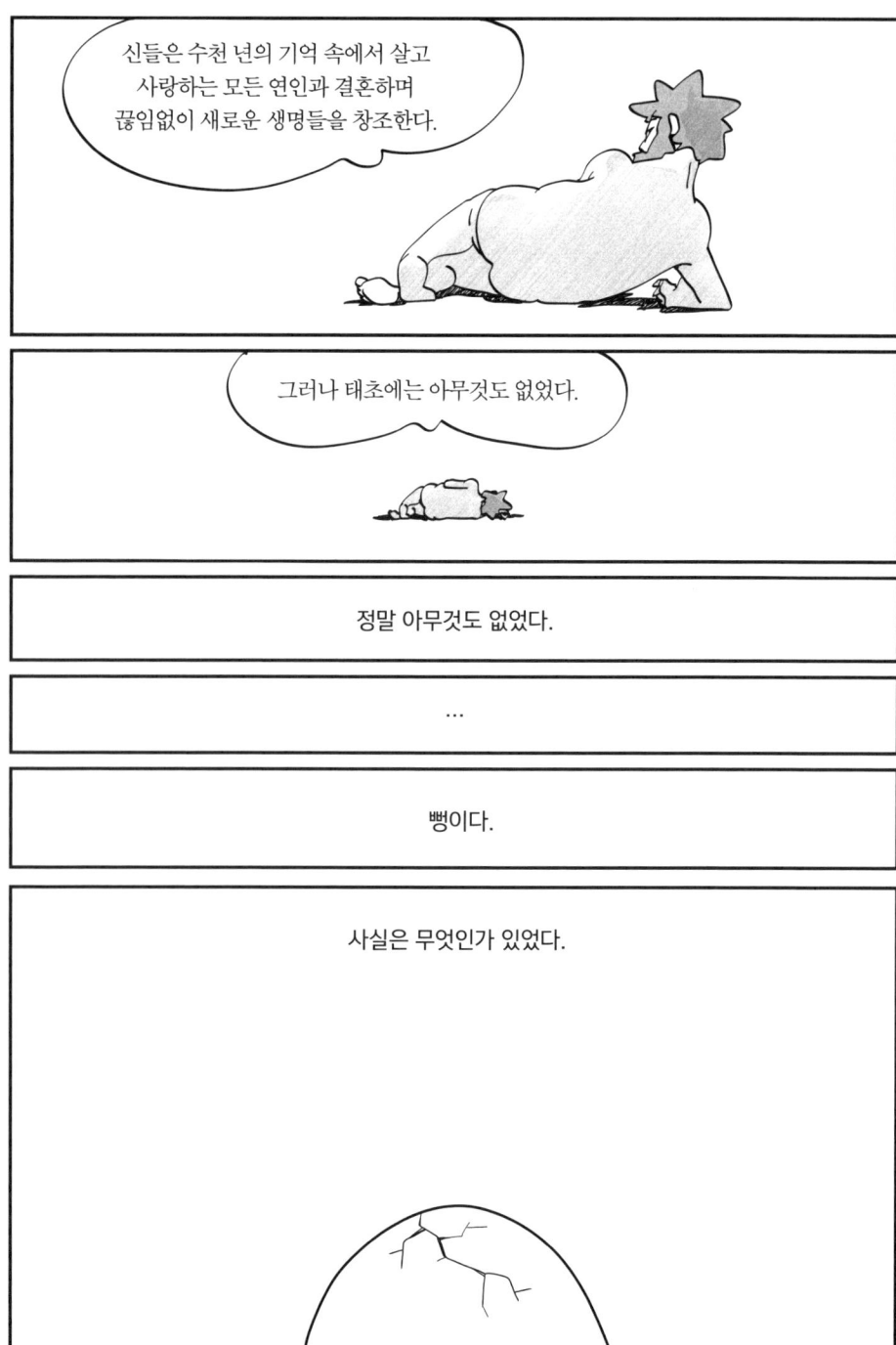

카오스(Chaos)라는 공간이거나 근원이 있었고

에로스(Eros)라는 원동력과
가이아(Gaia)라는 넓은 대지의 여신이 있었으며

어둠의 에레보스(Erebos)와 밤의 뉙스(Nyx)도 있었다.

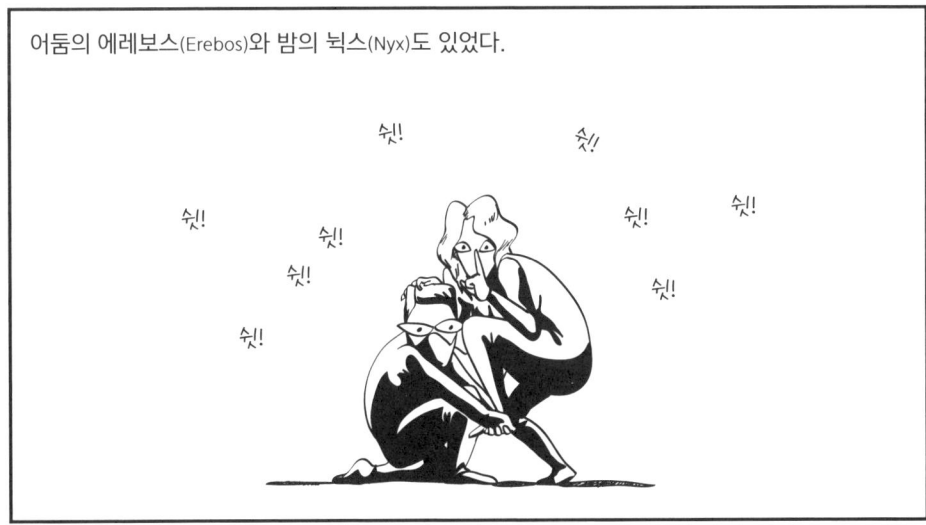

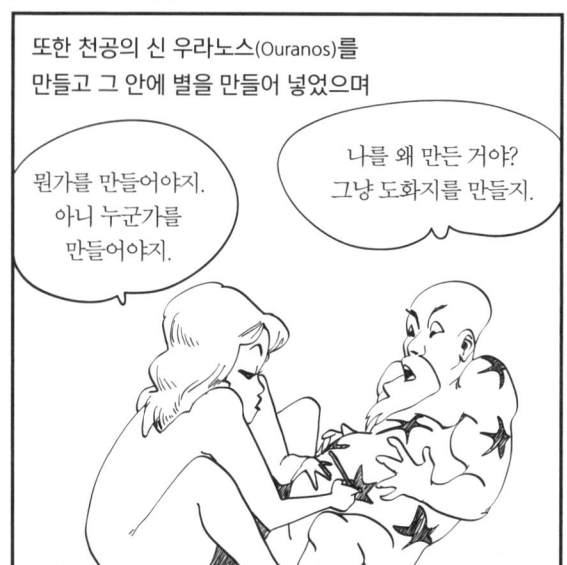

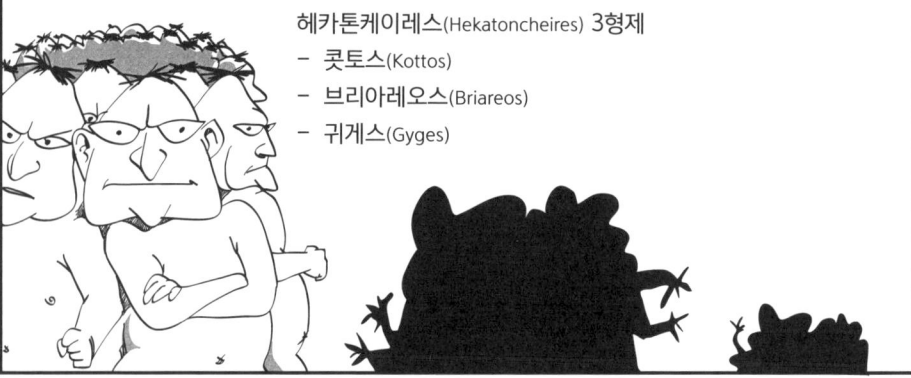

이제까지의 2세들이 마음에 들지 않자, 우라노스는 이들을 가이아의 자궁 타르타로스(Tartaros)라는 곳에 가두어버렸다. 칠흑 같은 어둠만이 있는 곳이었다.

하나같이 맘에 드는 놈이 없냐…

가이아는 섭섭하기 그지없었다. 또한 불안하기도 했다.

그 큰 것들을 모조리 다시 내 자궁 속으로 돌려 보내놓으면 어쩌라는 거야…

가만,

이러다가 나까지 어찌하는 것 아냐?

가이아는 어둠에 버려진 자식들과 상의했다.

이를 어쩌면 좋겠냐?

나한테 날이 좋은 낫이 하나 있기는 한데, 이걸 어디에 쓸까?

우라노스의 거세당한 곳에서 흘러나온 체액에선

복수의 여신 에리뉘에스(Erinyes)와 중무장한 기간테스(Gigantes)

멜리아이(Meliai)라는 물푸레나무 요정들, 그리고 미의 여신 아프로디테(Aphrodite)도 나왔다.

가이아는 거세당한 우라노스를 뒤로하고 바다의 신 폰토스와 새로이 2세 만들기에 도전했다.

그동안 미안했어…

자기야~ 처음 보는 미친놈이 나 쫓아다녀, 구해줘~

돌아온 마도로스가 너를 감싸주마. 우리 생산적인 사랑을 하자.

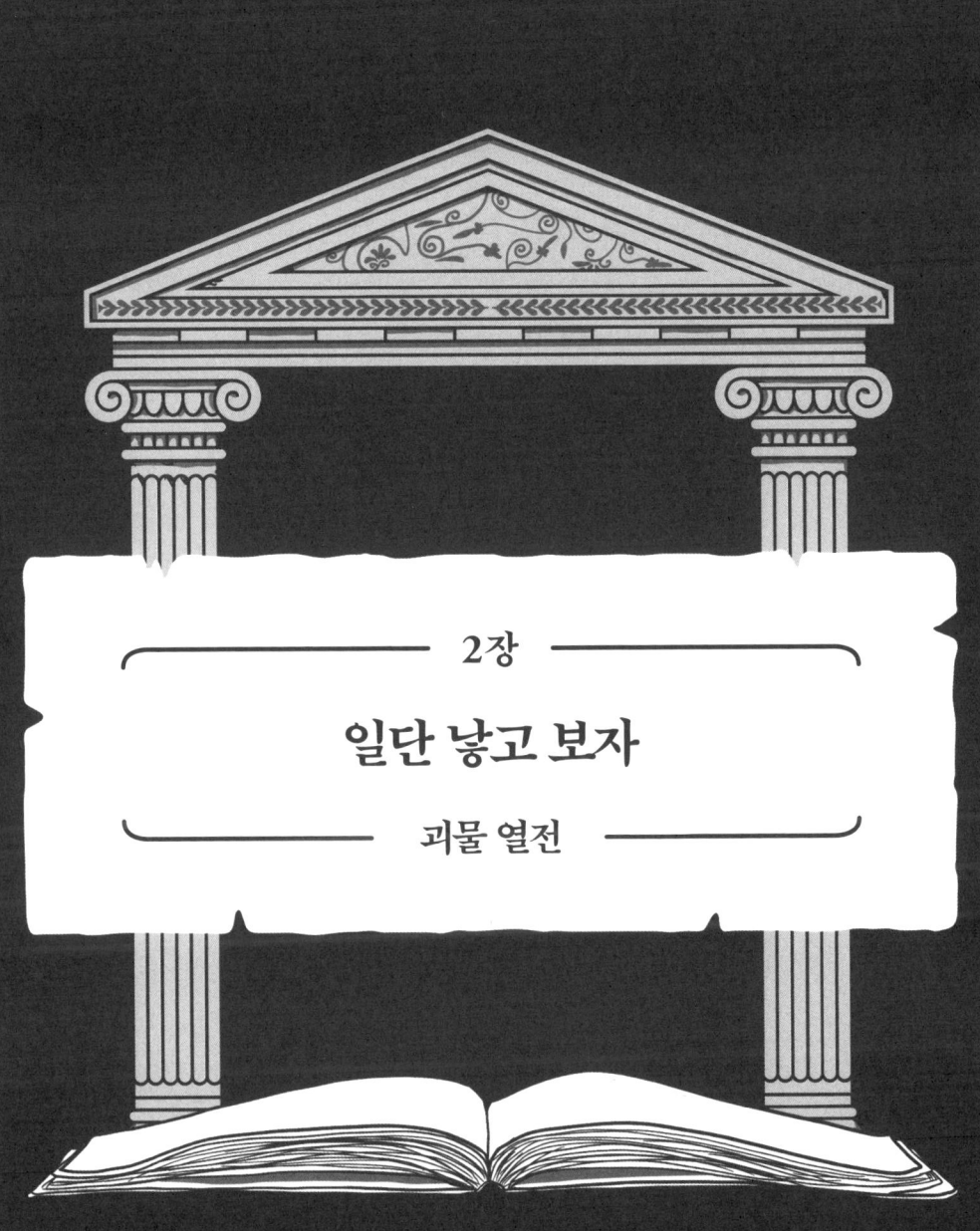

2장

일단 낳고 보자

괴물 열전

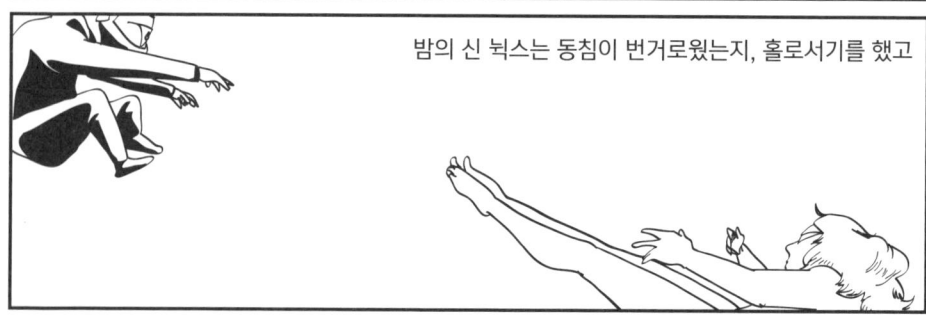

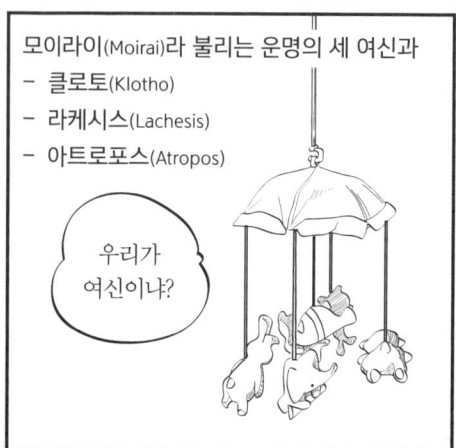

헤시오도스에 따르면 무엇 하나 나무랄 데 없는 50명의 딸들을 낳는다.

그런데 폰토스와 가이아가 함께 만든 자식들은 네레우스와는 달랐던 모양이다.

닥쳐! 일단은 만든다!

일하고 있는데 씨…

이들이 추가로 만든 자식들은 네 명이었는데

타우마스 (Thumas)   케토 (Keto)   포르코스 (Phorkos)   에우뤼비아 (Eurybia)

오오, 서럽구나. 같은 아버지 밑에서 나만 늦게 태어난 거냐?

2세 만들기가 유행이었는지 타우마스가 먼저 욕심을 내었다.

줄 서라. 내가 1번이다.

좋은 혼처는 가까운 데서 찾는 법이다. 타우마스는 오케아노스의 딸 도리스와 혼인한 네레우스의 행복이 부러웠는지 오케아노스에게 겹사돈을 요청했다.

> 은행 신용등급이냐?

> 일단 주세요.
> 우리 식구 전적이 좋잖아요.

그리하여 그의 딸 엘렉트라(Elektra)를 받아내서

> 넌 다리가 없냐?
> 서서 다닐 줄 몰라

냅다 낳기는 낳았는데

> 앞은 낳냐…

> 언니네 애들이랑은 좀 다르네…

> 내가 너무 기어 다니기만 했나?

확실히 달랐다.

발 빠른 무지개 여신
이리스(Iris)

> 난 무지개를 항아리에 갖고 다녀

새의 몸을 한 하르퓌이아이(Harpyiai) 자매.

> 참나, 이따위도 캐릭터냐?

> 창피해…

아엘로(Aello)   오퀴페테(Okypete)

태산명동서일필(泰山鳴動鼠一匹)◆

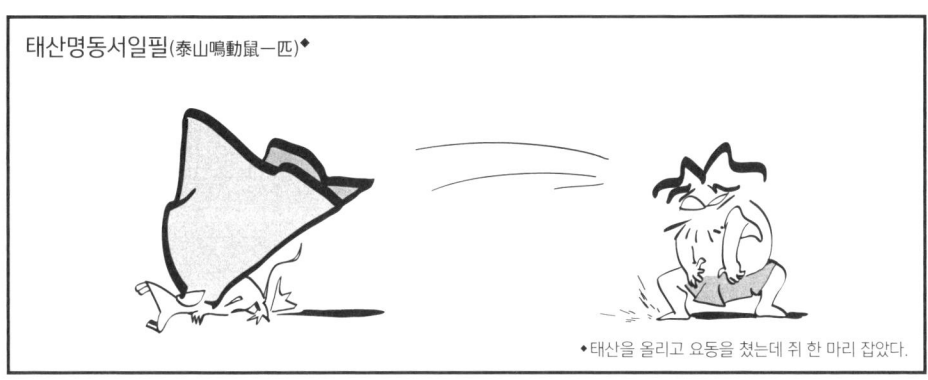

◆태산을 올리고 요동을 쳤는데 쥐 한 마리 잡았다.

타우마스네랑 뭐 별반 다르지 않았다. 그래도 이름이라도 알아두자.

고르고(Gorgo) 세 자매
- 스테노(Stheno)
- 에우뤼알레(Euryale)
- 메두사(Medusa)

이 외에도 페프레도(Pephredo)와 데이노(Deino)가 있다.

좀 다르다면 막내 메두사가 가엽다는 정도.

난 유한(有限) 생명의 신. 제길, 신 주제에 늙어간다.

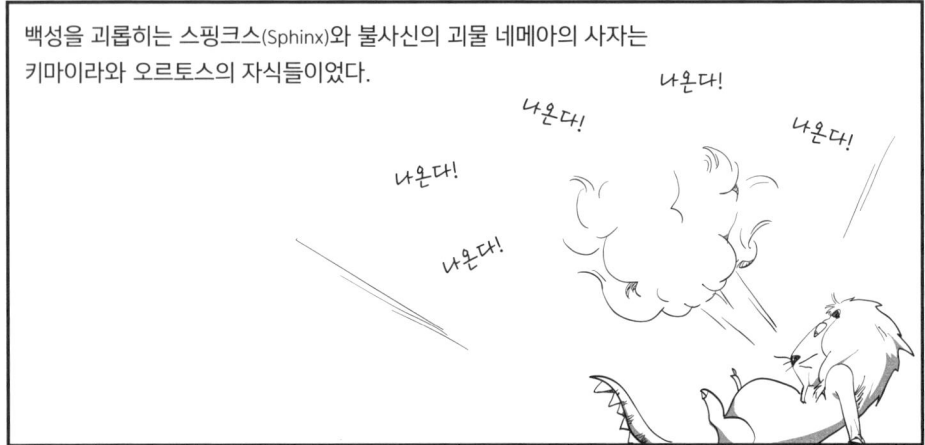

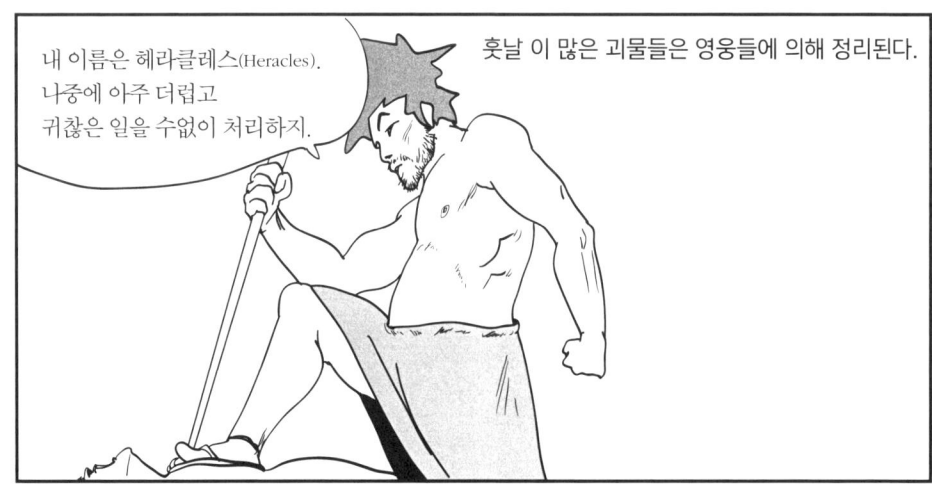

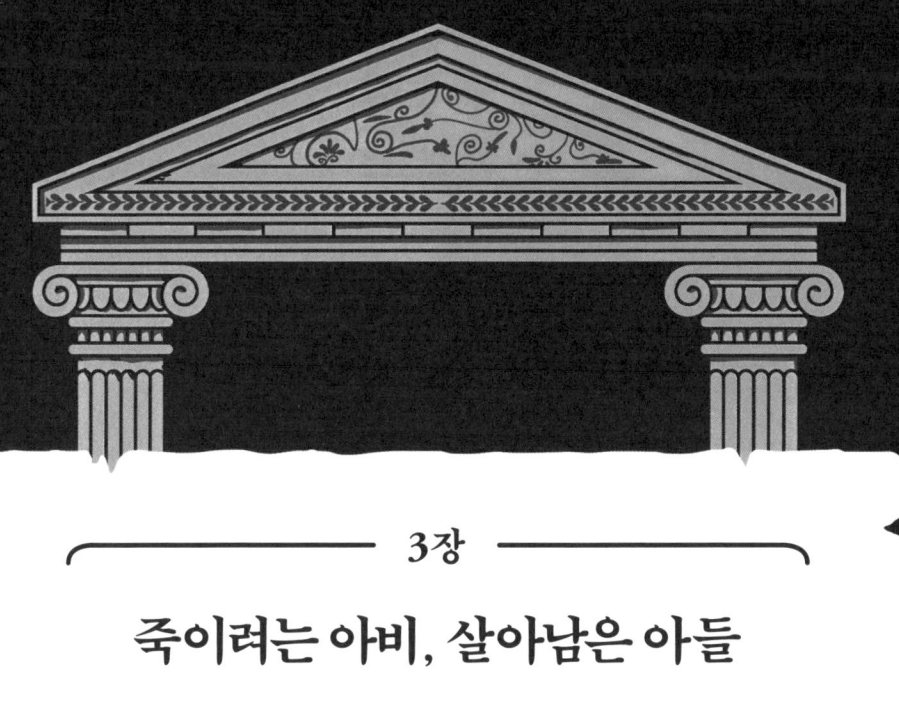

3장

죽이려는 아비, 살아남은 아들

크로노스, 제우스

GREEK AND ROMAN
MYTHOLOGY

우라노스에게 반기를 든 크로노스에게는
어원상 깡패들이라 불리는 티탄 형제자매들이 있었다.

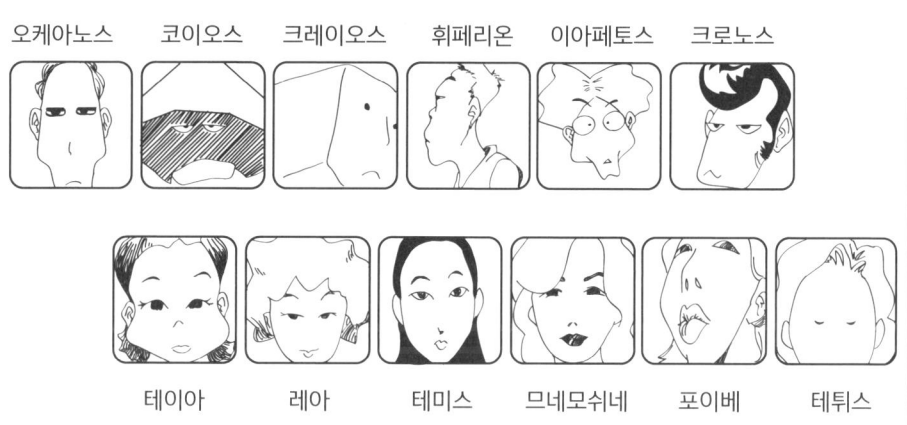

오케아노스 코이오스 크레이오스 휘페리온 이아페토스 크로노스

테이아 레아 테미스 므네모쉬네 포이베 테튀스

이 형제자매들은
끼리끼리 짝을 지어
2세를 낳았다.
오케아노스와 테튀스는
유전자가 근사한지 훌륭한
어머니 신들을 양산했는데
알고보니 인해전술이었다.
머릿수가 많았단 뜻이다.
딸들이 3,000명이나 되었다.

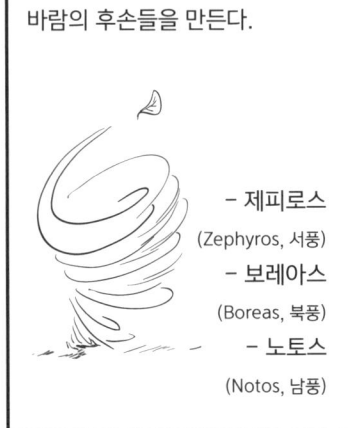

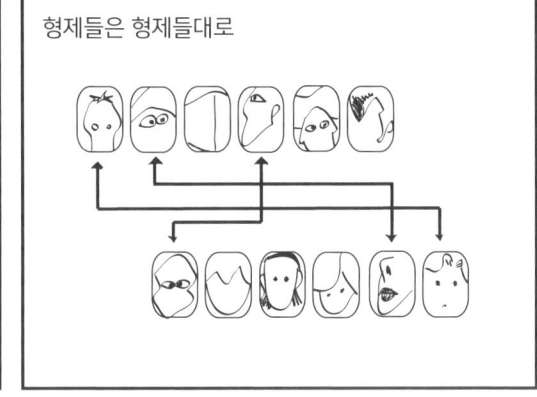

터무니없는 핑계를 대며 티탄 중에 짝이 없는 레아에게 수작질을 한다.

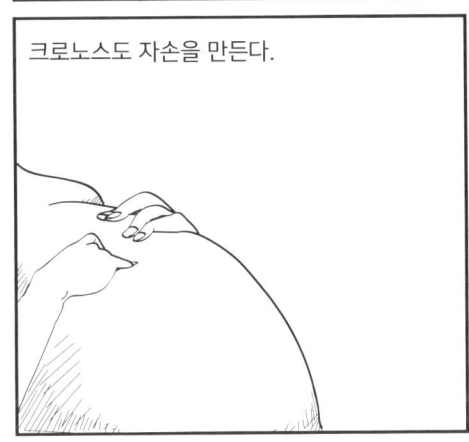

크로노스도 자손을 만든다.

- 헤스티아(Hestia)
- 데메테르(Demeter)
- 헤라(Hera)
- 하데스(Hades)
- 포세이돈(Poseidon)

하지만 망나니도 때때로 스스로에 대한 고찰의 시간을 가진다.

"자식에 대한 부양의무를 저버린 채 효도만을 강요하는 무정한 아버지."◆

◆ 이문열, 《사람의 아들》 中

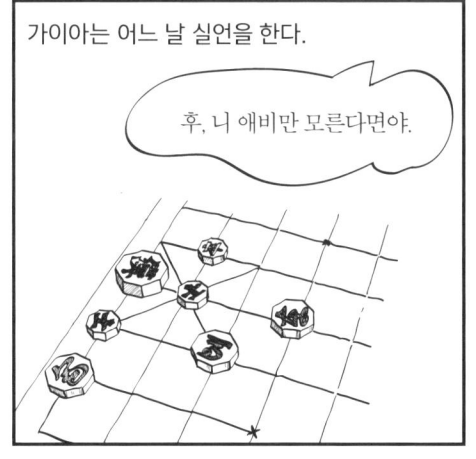

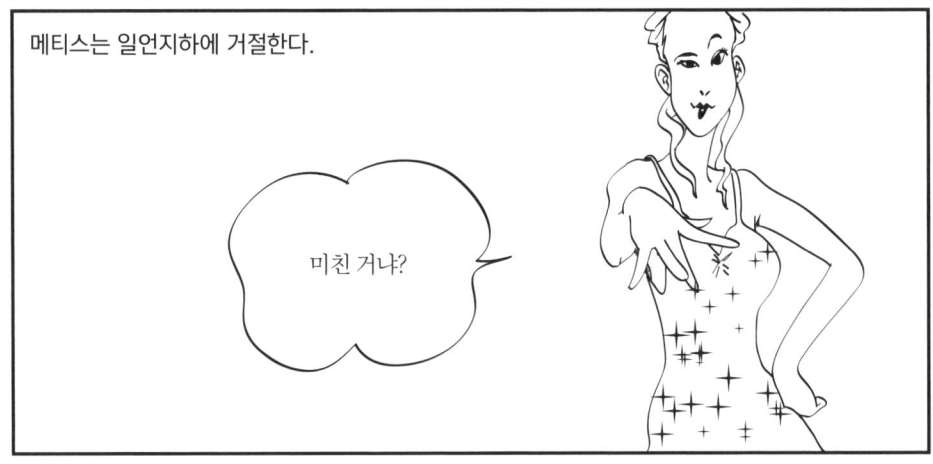

그런데 어느 날 가이아는 제우스에게 메티스에 관한 말을 흘린다.

나의 아버지가 나의 곁에서 조을 적에 나는 나의 아버지가 되고 또 나는 나의 아버지의 아버지가 되고, 그런데도 나의 아버지는 나의 아버지대로 나의 아버지인데 어쩌자고 나는 자꾸 나의 아버지의 아버지의… 아버지가 되니 나는 왜 나의 아버지를 껑충 뛰어 넘어야 하는지 나는 왜 드디어 나와 나의 아버지와 나의 아버지의 아버지와 나의 아버지의 아버지의 아버지 노릇을 한꺼번에 하면서 살아야 하는 것이냐.◆

◆ 이상, 〈오감도(烏瞰圖)〉 제2호

제우스는 놀란 마음으로 집으로 돌아가 기다리던 메티스를 한입에 삼켜버린다.

3장 죽이려는 아비, 살아남은 아들: 크로노스, 제우스

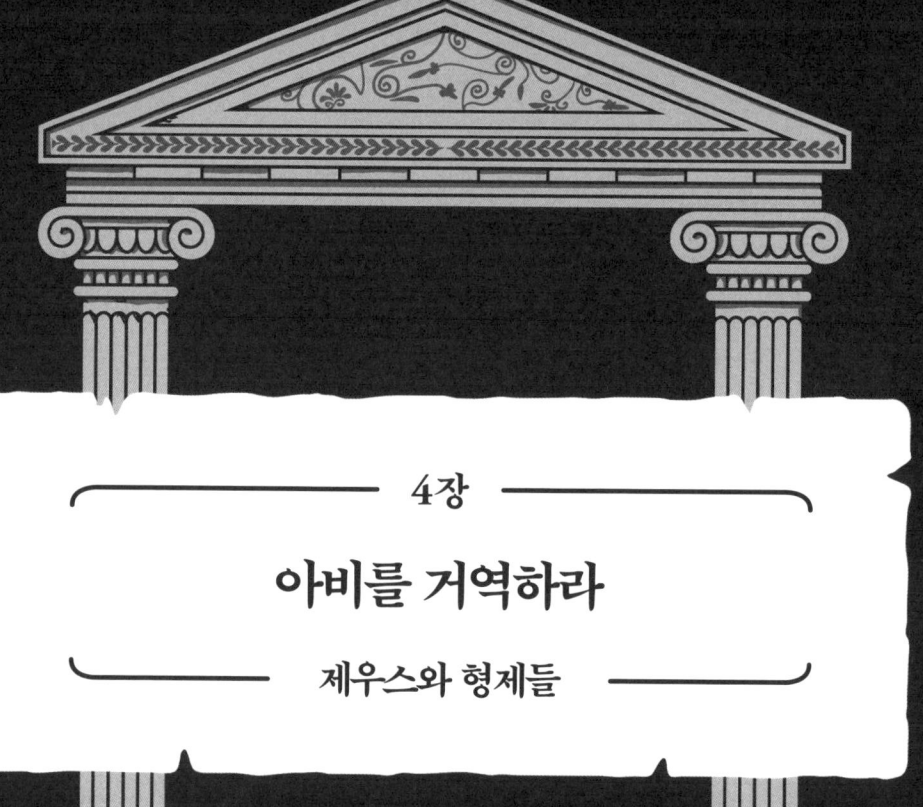

4장

아비를 거역하라

제우스와 형제들

GREEK AND ROMAN
MYTHOLOGY

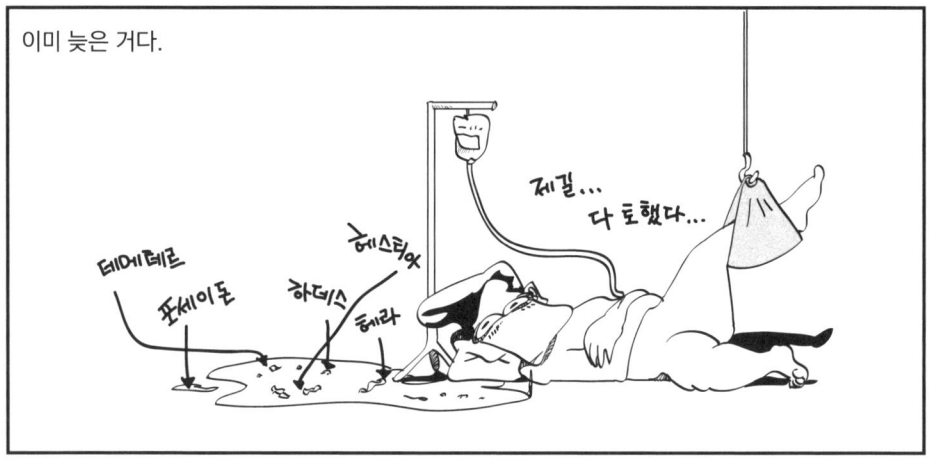

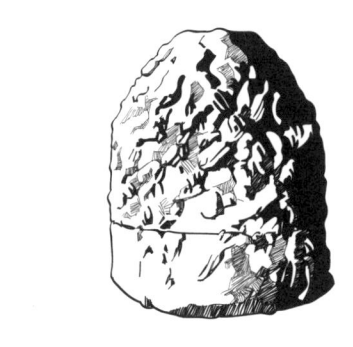

크로노스가 제일 먼저 토한 것은 제우스인 줄 알고 먹었던 돌덩이였다. 훗날 제우스는 이것에 옴파로스(Omphalos)라는 이름을 붙이고 기적의 표시로 사용하였으며 세계의 배꼽으로 숭배케 하였다.

그동안 영문도 모른 채
크로노스와 우라노스에 의해
갇혀 있던 신들은
격노한 채 고통의 울분을
주체하지 못하고 있었다.

헤스티아

데메테르

헤라

하데스

포세이돈

그리고 나머지들.

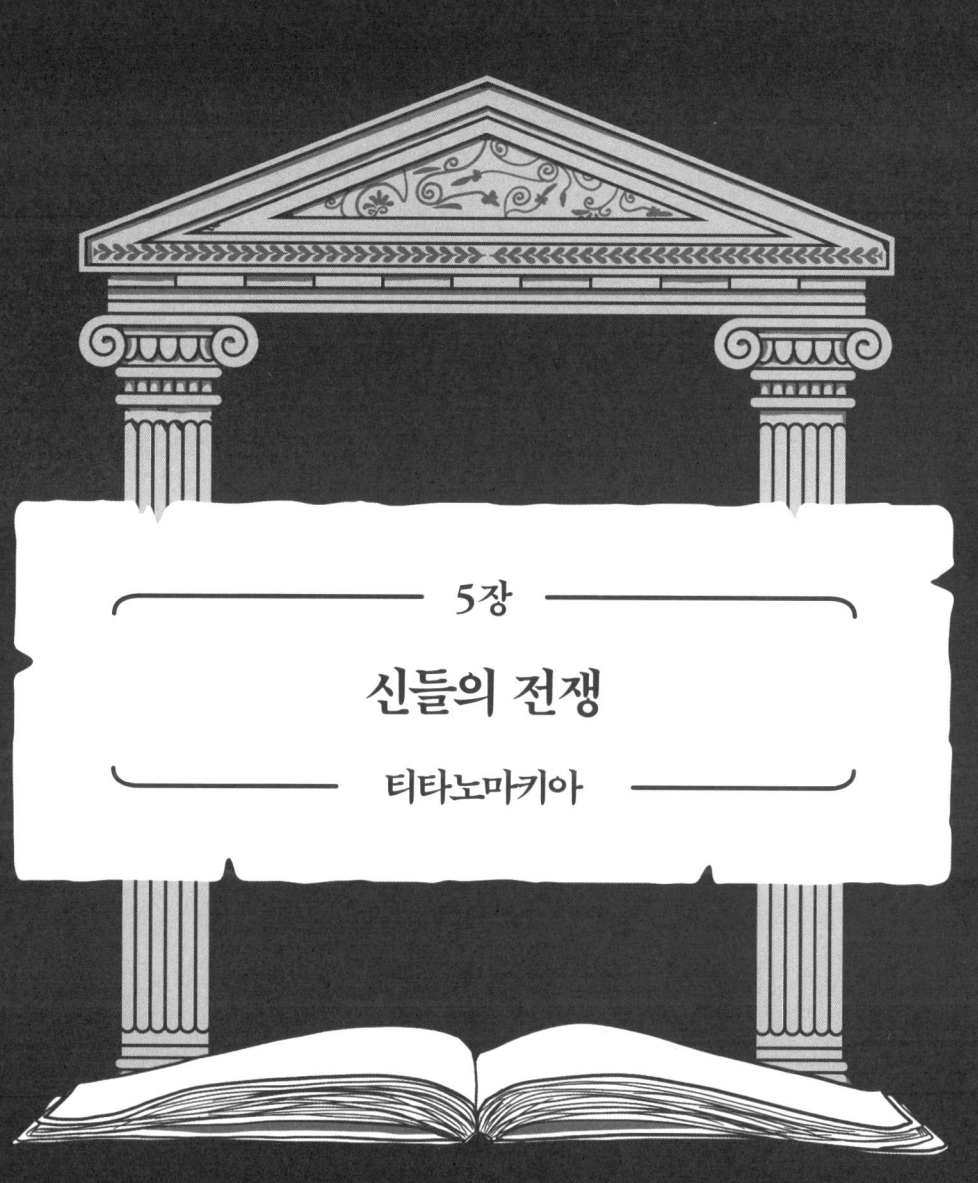

5장

신들의 전쟁

티타노마키아

GREEK AND ROMAN
MYTHOLOGY

싸움이라는 것이 고만고만하면 싸움이지만,
규모가 커지게 되면 단어가 바뀐다.

전쟁.

티탄 족과의 전쟁이라 하여 티타노마키아(Titanomachia)라 일컫게 되었다.

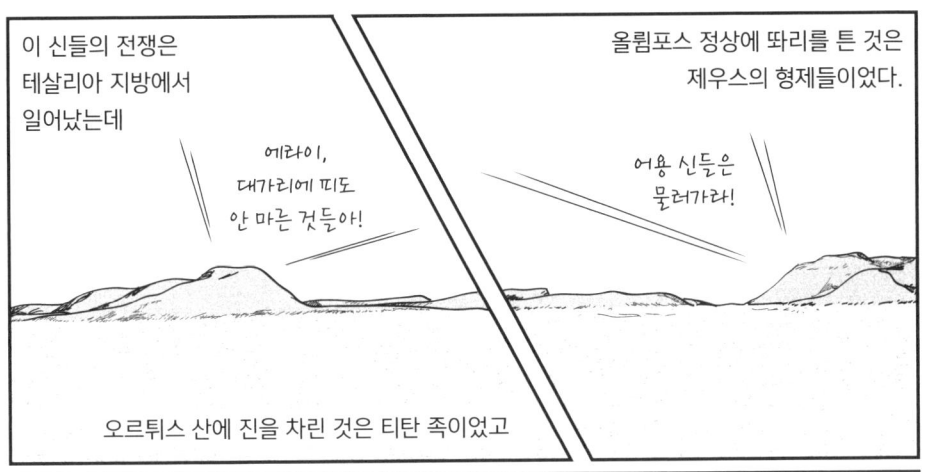

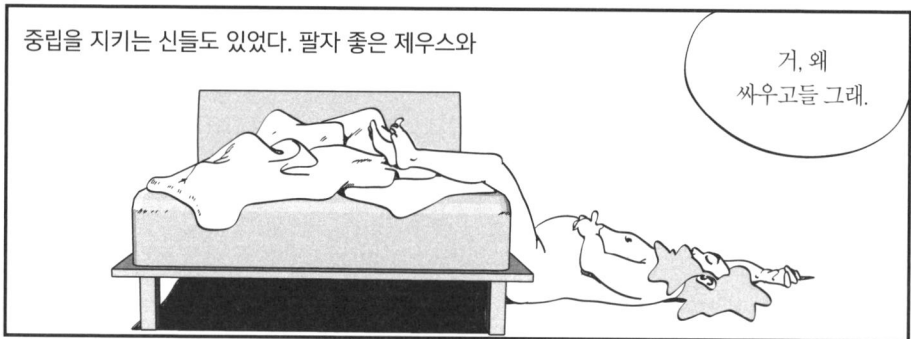

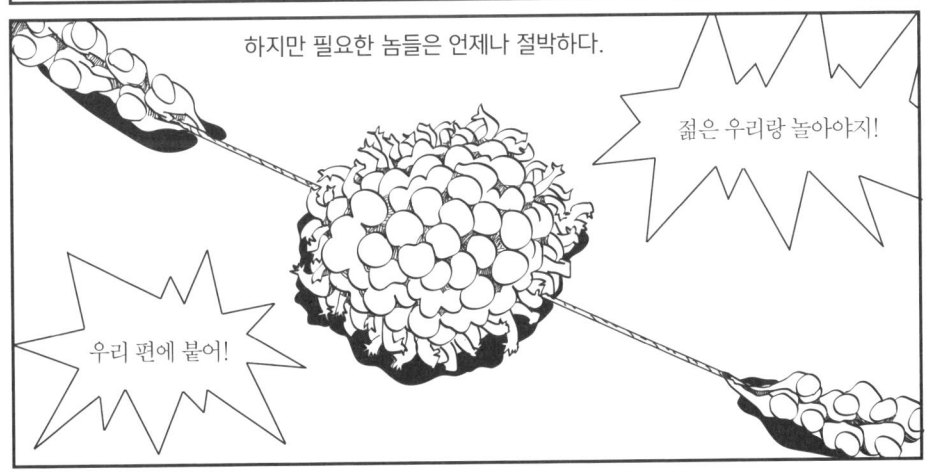

그들은 제우스가 자신들에게 이렇게 말한다고 생각했다.

바로 지금이야말로 이 위험한 전쟁터에서 티탄 족에게 너희들의 힘과 무적 팔의 위력을 보여줄 때다.

3형제가 전투에 임할 때, 팔이 두 당 100개씩 되었으니 그들이 힘을 합쳐 300개의 강력한 팔 힘으로 커다란 바위를 들어올려

내던지니 그야말로 산을 옮긴 것이 되었다.

야호 내일은 남산 옮기자

헤카톤케이레스 3형제의 합류로 승기는 점점 젊은 신들 쪽으로 기울었고

이쯤 되자 지켜보고만 있던 제우스가
전쟁을 종식시키기 위해 숨겨둔 무기를 꺼내들었다.

원래 이 무기는 우라노스가 퀴클롭스 3형제들로부터 압수하여 보관하던
천둥, 번개, 벼락이었는데 가이아가 이것을 빼돌려 제우스에게 넘겨준 것이다.

제우스가 천둥, 번개, 벼락을 내리자 엄청난 불길이 솟아올랐고
그 무서운 열기가 하늘과 땅을 뒤흔들었다. 커다랗게 피어오른 먼지구름 속에서
양측의 함성과 비명이 굉음처럼 천지를 가득 메꾸었다.

결국 전쟁을 일으킨 티탄 족과 그의 편에 섰던 신들은 타르타로스로 추방되었고
제우스를 비롯한 젊은 신들이 티타노마키아의 승리자가 되었다.

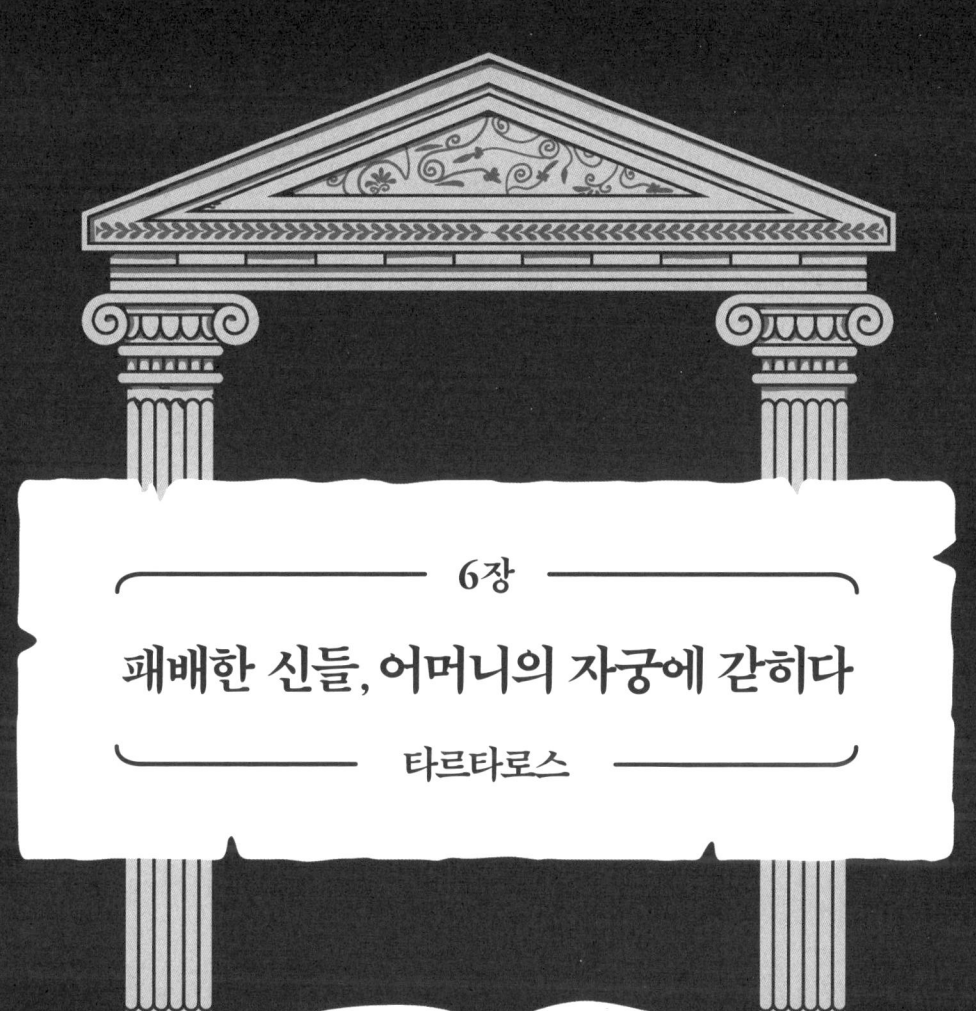

6장
패배한 신들, 어머니의 자궁에 갇히다
타르타로스

GREEK AND ROMAN
MYTHOLOGY

영어의 '감칠맛 나게 애만 태운다'는 뜻의
'Tantalize'는 여기서 온 단어라고 한다.

자, 다시 돌아와서 이름이 비슷해 헷갈리겠지만 타르타로스라는 곳이 있다.
지형적으로 말하면 지하세계이고, 존재적으로 말하면 가이아의 자궁이라고 한다.

하늘에서 청동모루를 떨어뜨리면
9일 밤낮을 지나 10일째에
땅에 부딪힌다던데

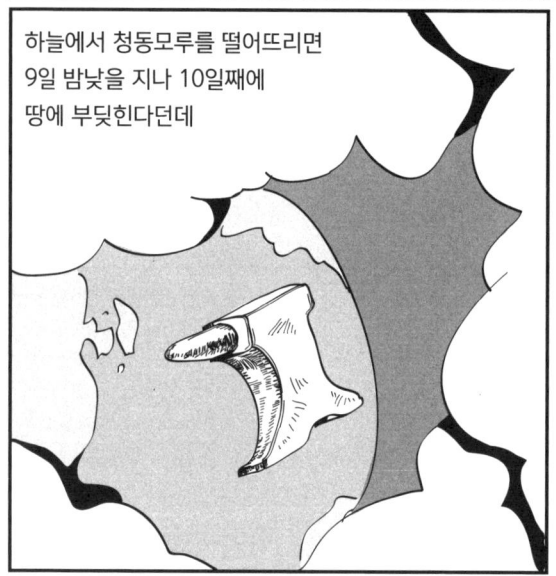

땅에서부터 타르타로스까지의
거리도 그러했다고 한다.

패전자들인 티탄 족이 감금된 곳이 타르타로스의 가장 깊은 곳이었다.

안쪽은 소름끼치도록 퀴퀴한 냄새가 나는 깊은 어둠으로,
안내가 없다면 1년을 헤매도 어느 곳에도 도착할 수 없으며

그 어둠 속에는 커다란 강이 흐르고 있는데,
이 강은 오케아노스의 큰딸 스튁스(Styx)의 것이었다.

올륌포스의 신들 중 누군가
이 강에 대고 거짓을 맹세했다가는

맹세합니다.
사실은 뻥이지만!

꼬박 1년 동안 숨을 쉬지 못하고
9년 동안 다른 신들과 격리된 채
살아야 한단다.

다른 신들

강을 지나면 지하에 하데스의 궁이 있다.

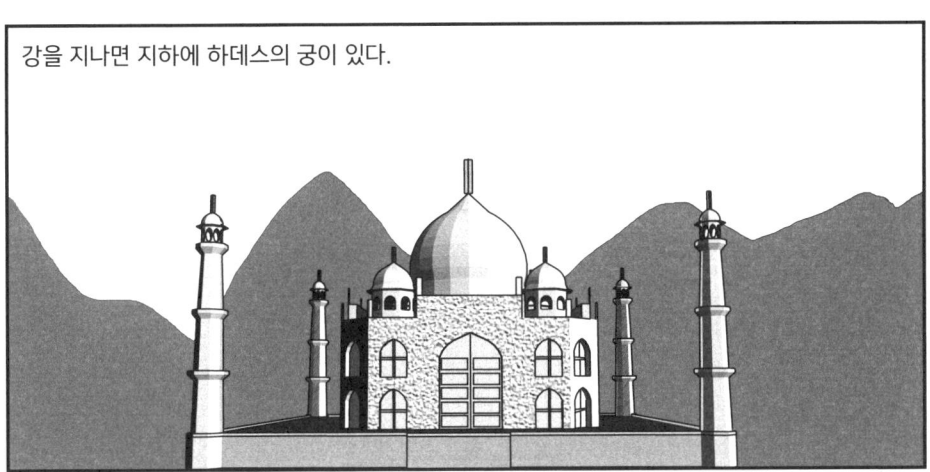

궁 앞에는 차라투스트라가
"나오라 불개여, 너의 심연에서!
그리고 그 심연이 얼마나 깊은지를
고백하라! 네가 코로 뿜어내고
있는 것은 어디에서 오는 것이지?"◆
라고 부르짖은 무서운 괴물,
케르베로스가 지키고 있는데

들어오는 이에게는 꼬리를 흔들지만

◆ 프리드리히 니체,《차라투스트라는 이렇게 말했다》中

나가려는 이에게는 사납게 위협한다.

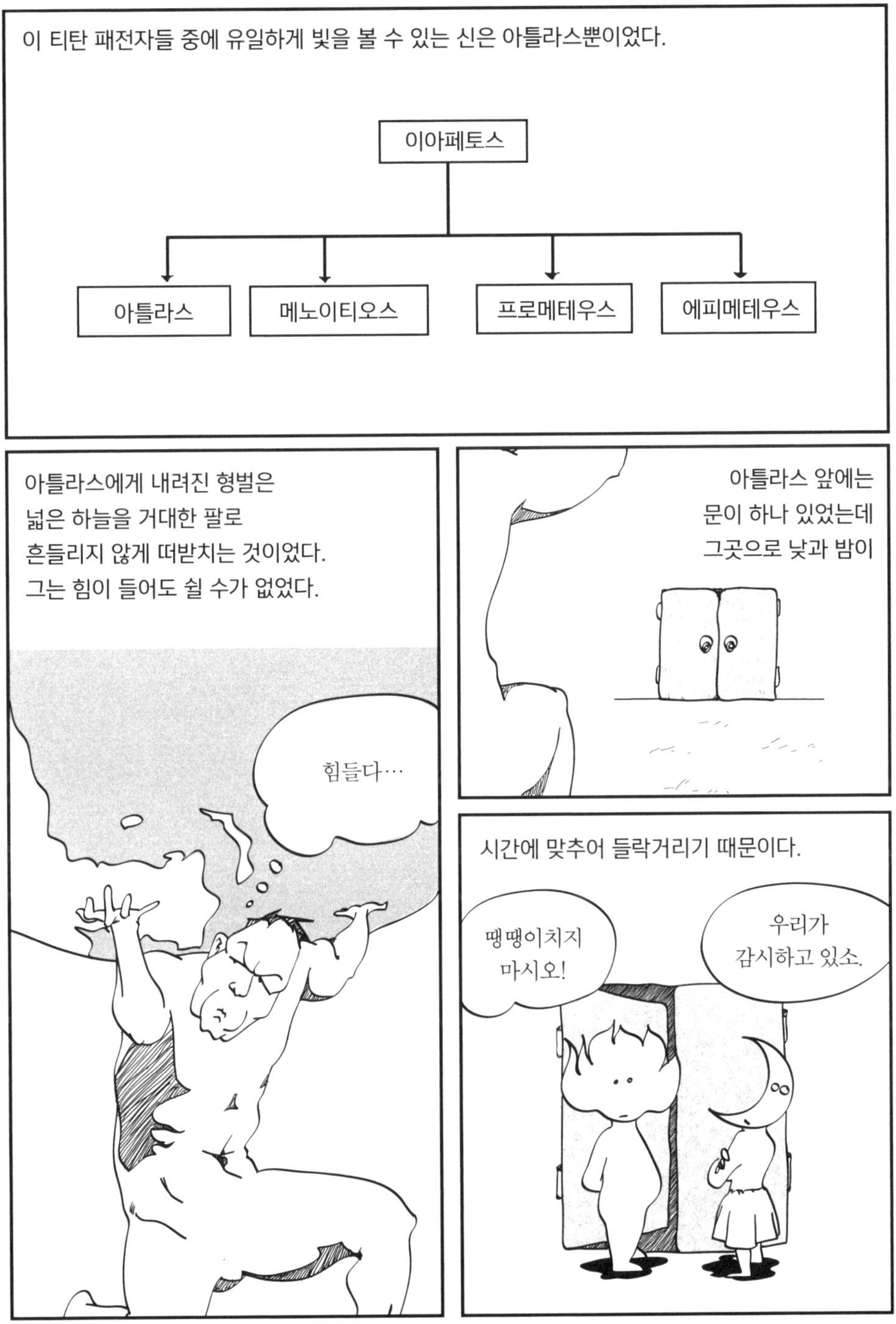

이 티탄 패전자들 중에 유일하게 빛을 볼 수 있는 신은 아틀라스뿐이었다.

```
            이아페토스
    ┌─────────┼─────────┐
  아틀라스  메노이티오스  프로메테우스  에피메테우스
```

아틀라스에게 내려진 형벌은 넓은 하늘을 거대한 팔로 흔들리지 않게 떠받치는 것이었다. 그는 힘이 들어도 쉴 수가 없었다.

힘들다…

아틀라스 앞에는 문이 하나 있었는데 그곳으로 낮과 밤이

시간에 맞추어 들락거리기 때문이다.

땡땡이치지 마시오!

우리가 감시하고 있소.

6장 패배한 신들, 어머니의 자궁에 갇히다: 타르타로스

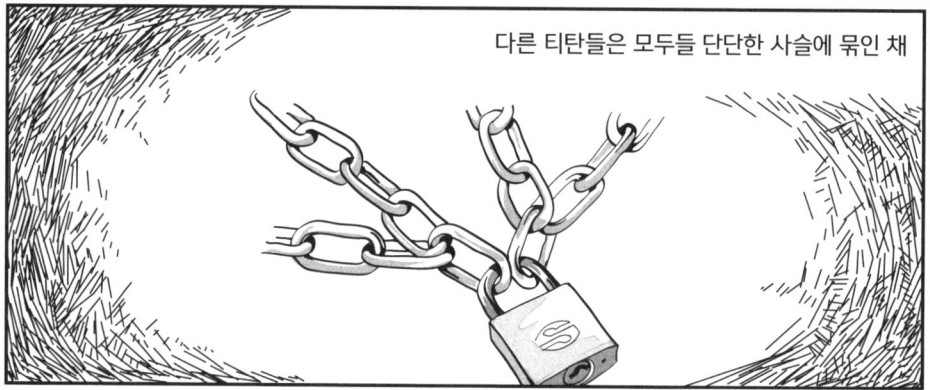

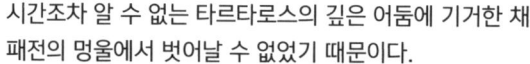

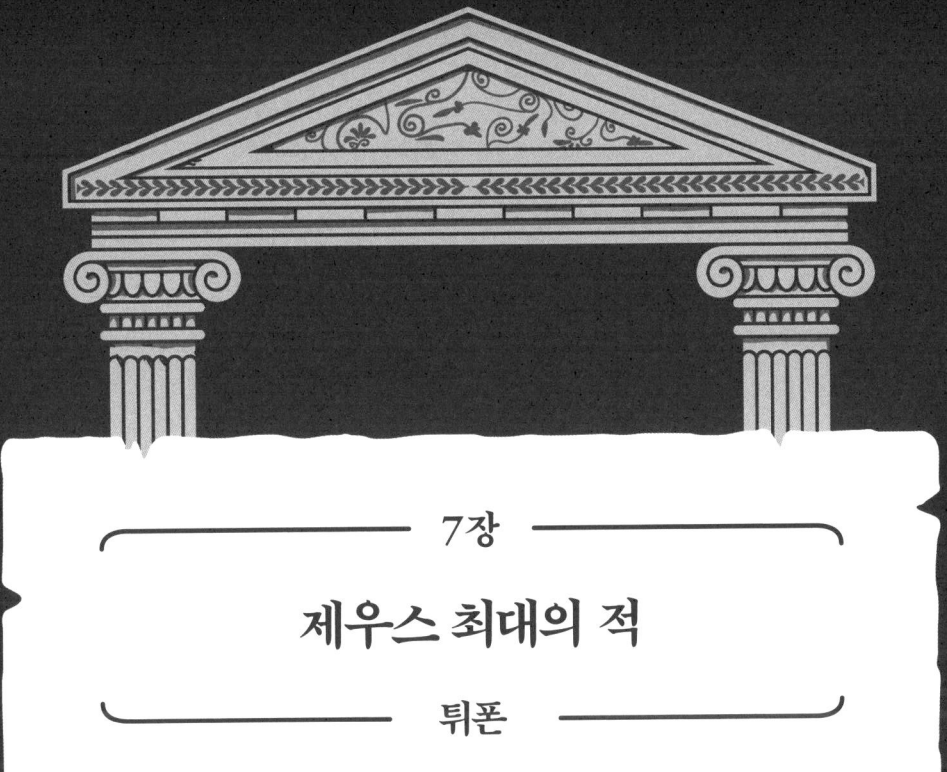

7장

제우스 최대의 적

튀폰

GREEK AND ROMAN
MYTHOLOGY

어깨 위에 뱀 대가리 100개를 얹은
튀폰(Typhon)이라는 거신이 있다.

얘는 너무 커서 머리가 별에 닿았고

팔을 벌리면 한쪽 팔은 서쪽 끝에
다른 한쪽 팔은 동쪽 끝에 닿는다고 한다.

눈썹 아래서는 불꽃이 튀어나왔고, 그가 돌아볼 때면 머리에서 불꽃이 타올랐다고 한다.

또한 머릿속은 온갖 소리가 자리 잡고 있어 입으로 가지각색의 끔찍한 소리를 내었다고 하는데

어떤 때는 황소 소리를

어떤 때에는 개 짖는 소리를

또 어떤 때에는 뱀 소리를 내었다고 한다.

어느 고요한 날, 천상에 튀폰이 내뿜는 우레와 같은 소리가 울려 퍼졌다.

신들은 깜짝 놀랐다.

튀폰이 움직이고 있었다.

그가 발을 뗄 때마다 대지가 흔들렸고

바다가 검붉어지고 파도가 포말을 일으켰다.

엄청난 흔들림과 굉음에
지하의 하데스도 놀랐고

타르타로스에 갇힌 신들도 몸서리를 쳤다.

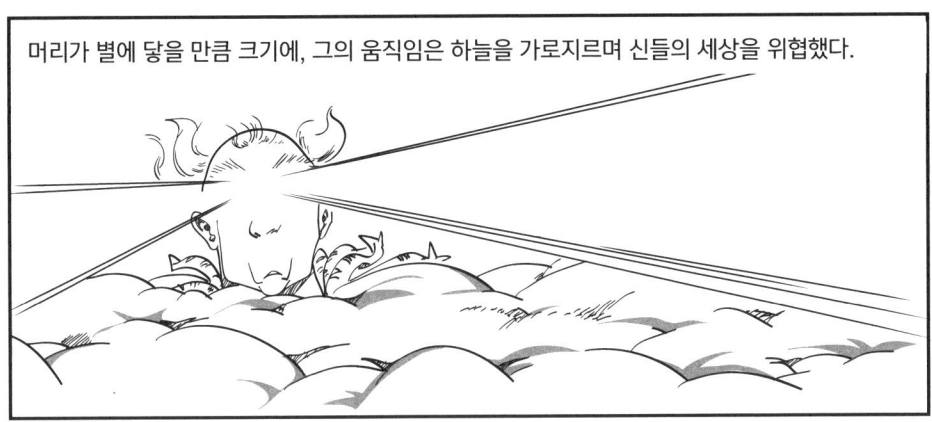

머리가 별에 닿을 만큼 크기에, 그의 움직임은 하늘을 가로지르며 신들의 세상을 위협했다.

신들은 줄행랑을 치기 시작한다.

더러는 동물로 변하여 도망치기도 했다.

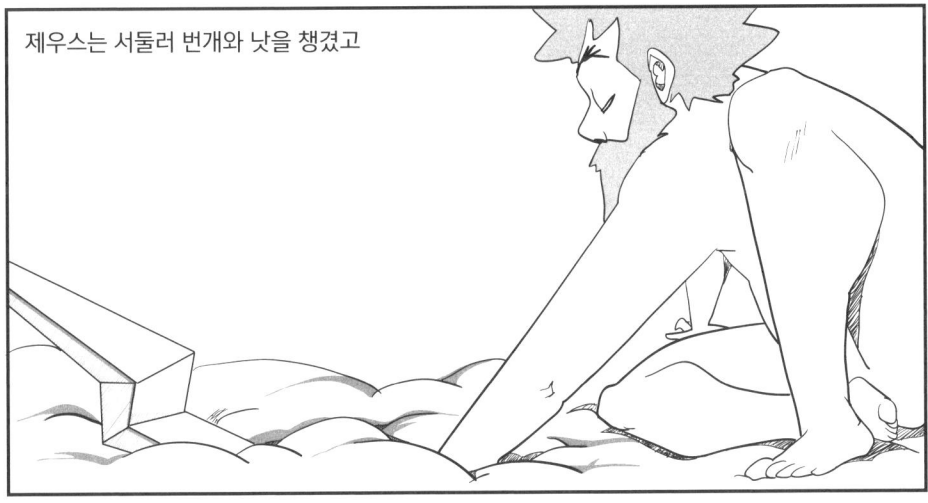

제우스는 서둘러 번개와 낫을 챙겼고

하지만 제우스는 모든 기를 모아

번개와 벼락을 내리쳐 결국 튀폰을 쓰러뜨렸고

이에 어둡고 가파른 계곡에 떨어진 튀폰은 엄청난 화염으로 주변을 물들이며 녹여냈다.

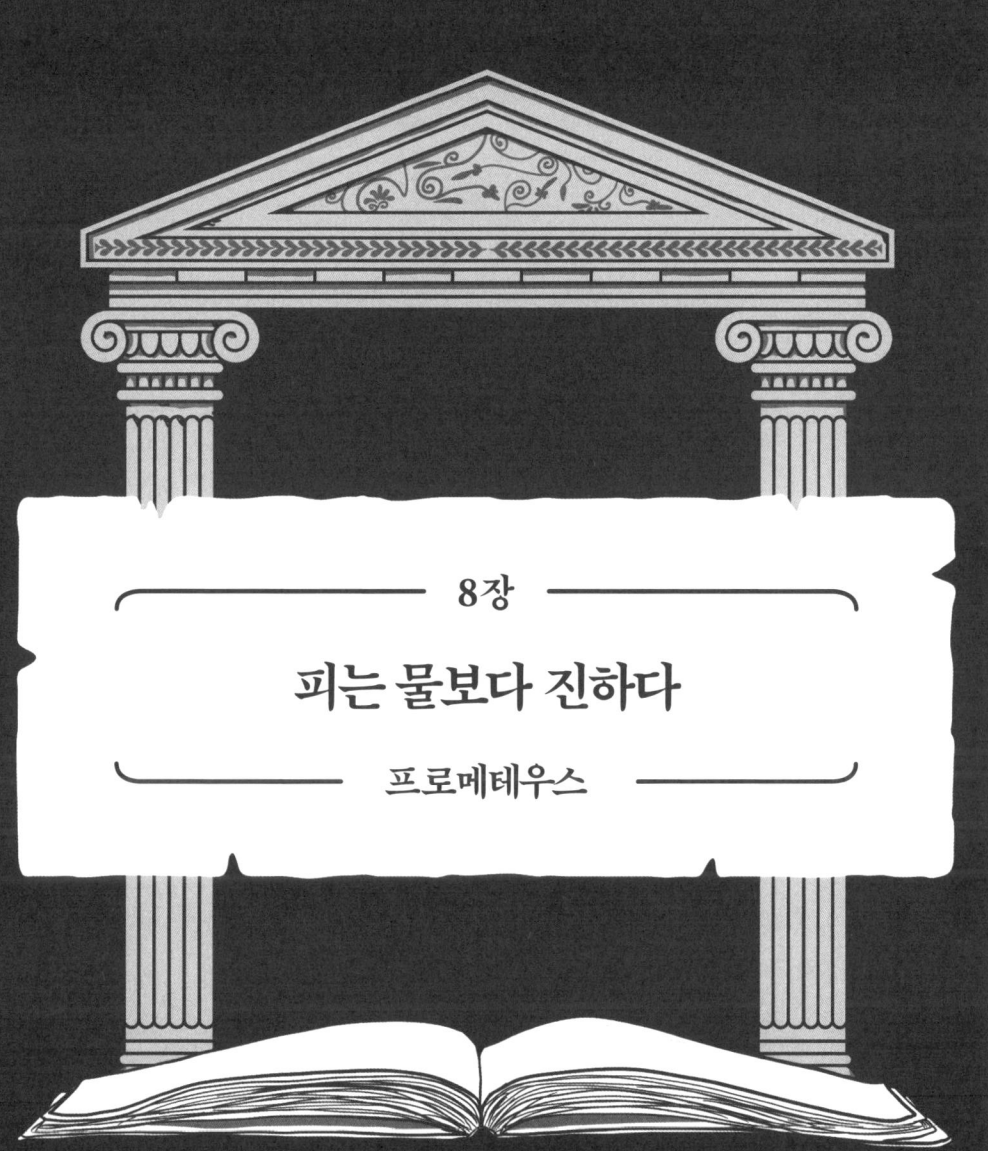

8장

피는 물보다 진하다

프로메테우스

GREEK AND ROMAN
MYTHOLOGY

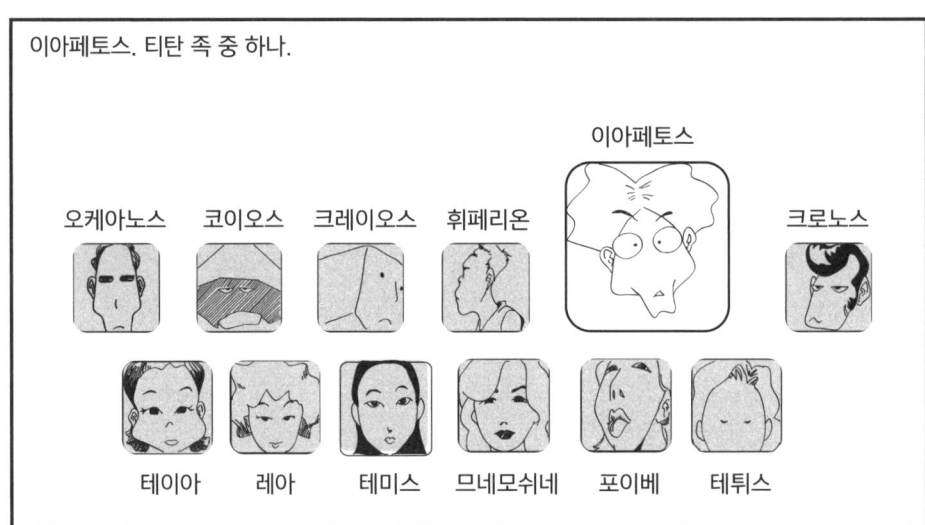

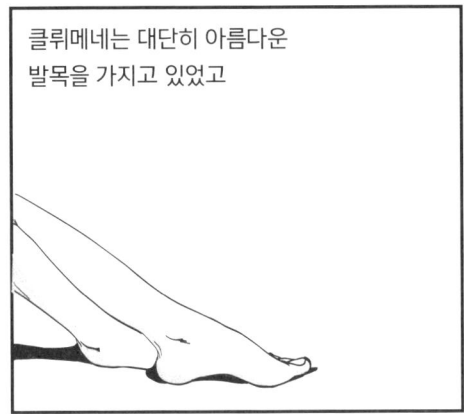

클뤼메네는 대단히 아름다운 발목을 가지고 있었고

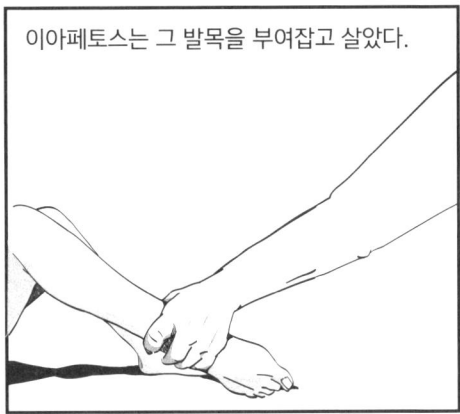

이아페토스는 그 발목을 부여잡고 살았다.

그들은 자식 넷을 낳았다.

아틀라스

메노이티오스

프로메테우스(Prometheus)와 에피메테우스(Epimetheus).

그중 어려서부터 행동도 민첩하거니와
수단과 재주도 좋고, 잔꾀가 밝은 녀석이 있었는데
바로 3남 프로메테우스다.

어느 날 프로메테우스가 특이한 짓을 한다.

하루 알바지만
그래도 셰프라고.

신과 인간 대표들의 교유를 위한 회식자리에서
제우스의 식단을 이상하게 짠 것이다.

인간들의 식단에는 소의
좋은 육질과 내장을 허름한 가죽으로
말아 올려놓고

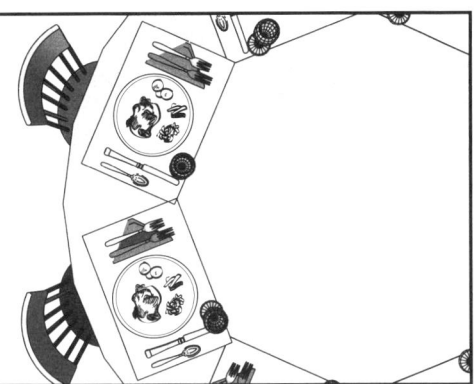

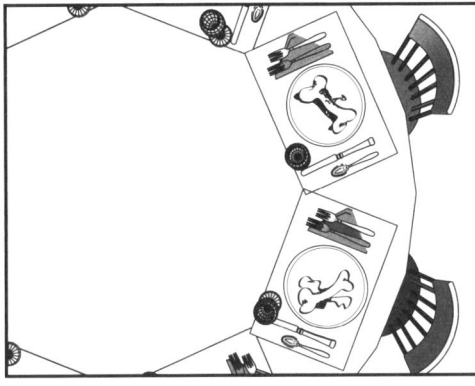

제우스의 식단에는 어렵사리
살점이 붙어 있는 허연 뼈다귀를
그럴듯하게 포장하여 올려놓은 것이다.

제우스는 이유를 물었다.

이거…
식단이 좀
이상한 거 같은데.
주방장,
왜 이런 거지?

신 중에서 가장 영예롭고
가장 고귀하신 제우스 님께서는
하얗고 윤기 나는 것이
격에 어울리지 않나요?

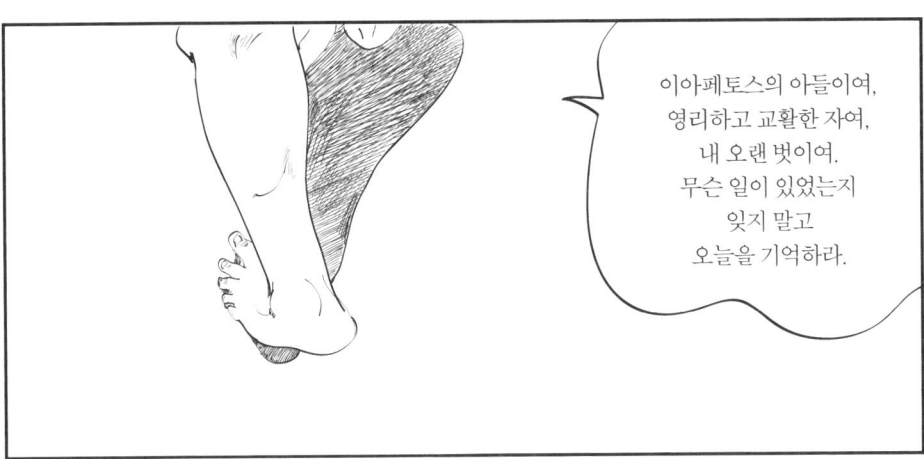

'먼저 생각하는 사람'이라는 뜻을 지닌 프로메테우스.

그는 무엇을 내다보고 이처럼 행동한 것일까?

1. 어려서부터 영특하더니, 지나쳐서 미친 것이다.

2. 남들이 똑똑하다 해주니까 정말 똑똑한 줄 알고 제우스와 잔머리 싸움을 하려 시비를 건 것이다.

3. 실제로 앙상한 뼈가 굉장히 맛나는 부분이다.

그럴싸하지만… 신뢰가 가질 않는다.

메뉴판	
김치찌개	3,500원
사골국	3,600 원
순두부찌개	500 원
우럭	3,500 원
사료	10,000 원

오히려 얼핏 발이 걸리는 곳은 있다.

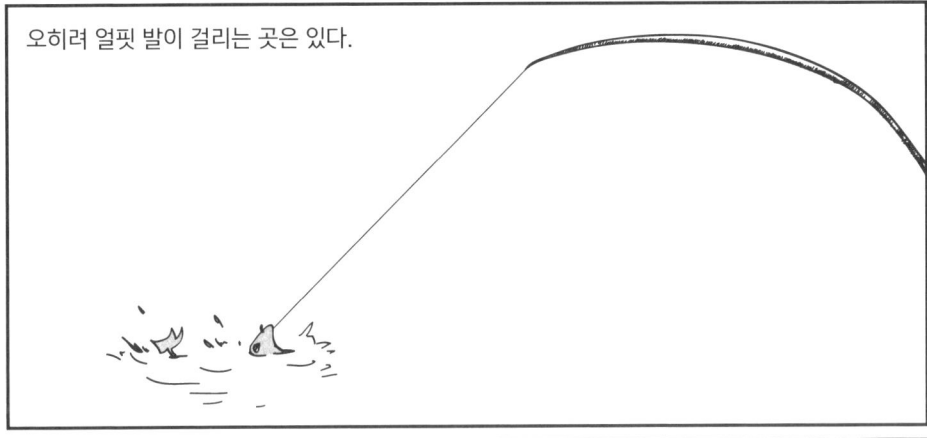

혈연

"I am your father"

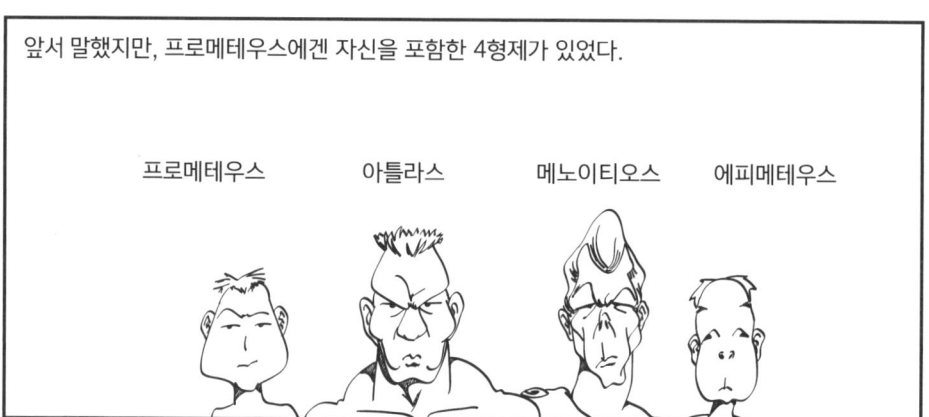

뜻이 다르고 길이 달라도

형제는 형제.

전범이 되어버린 형제의 비보는

이거, 이거 꽤 무겁다니까…

← 아틀라스

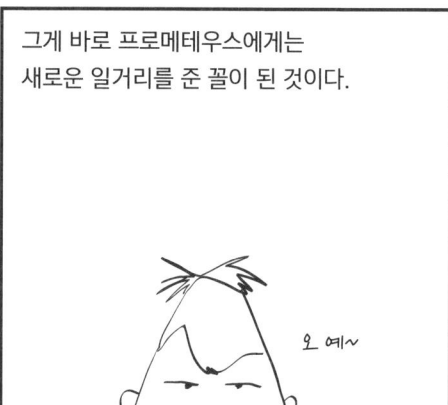

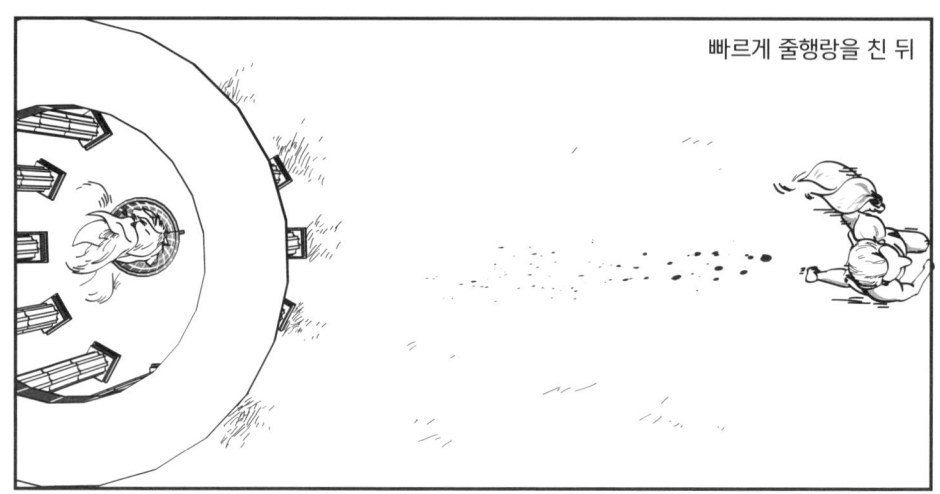

하지만 모든 범죄현장에는

증거가 남기 마련이어서

이를 근거로 추적하면

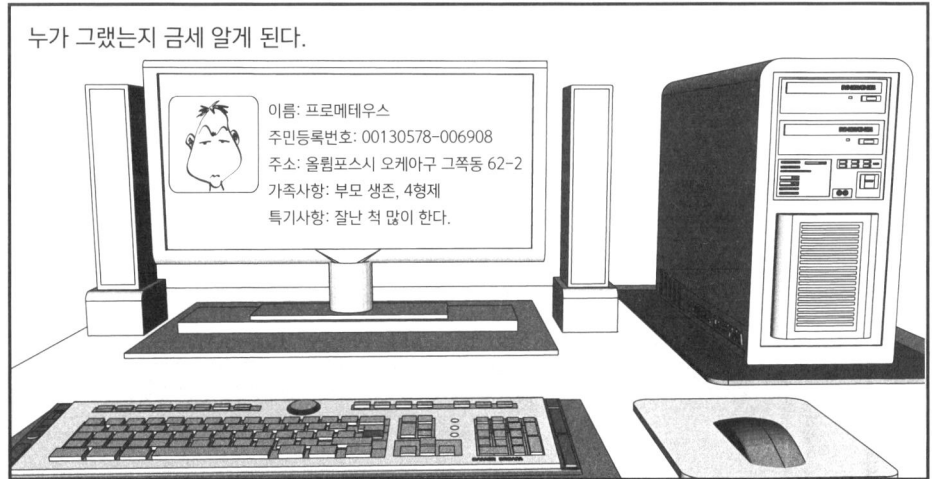

누가 그랬는지 금세 알게 된다.

이름: 프로메테우스
주민등록번호: 00130578-006908
주소: 올림포스시 오케아구 그쪽동 62-2
가족사항: 부모 생존, 4형제
특기사항: 잘난 척 많이 한다.

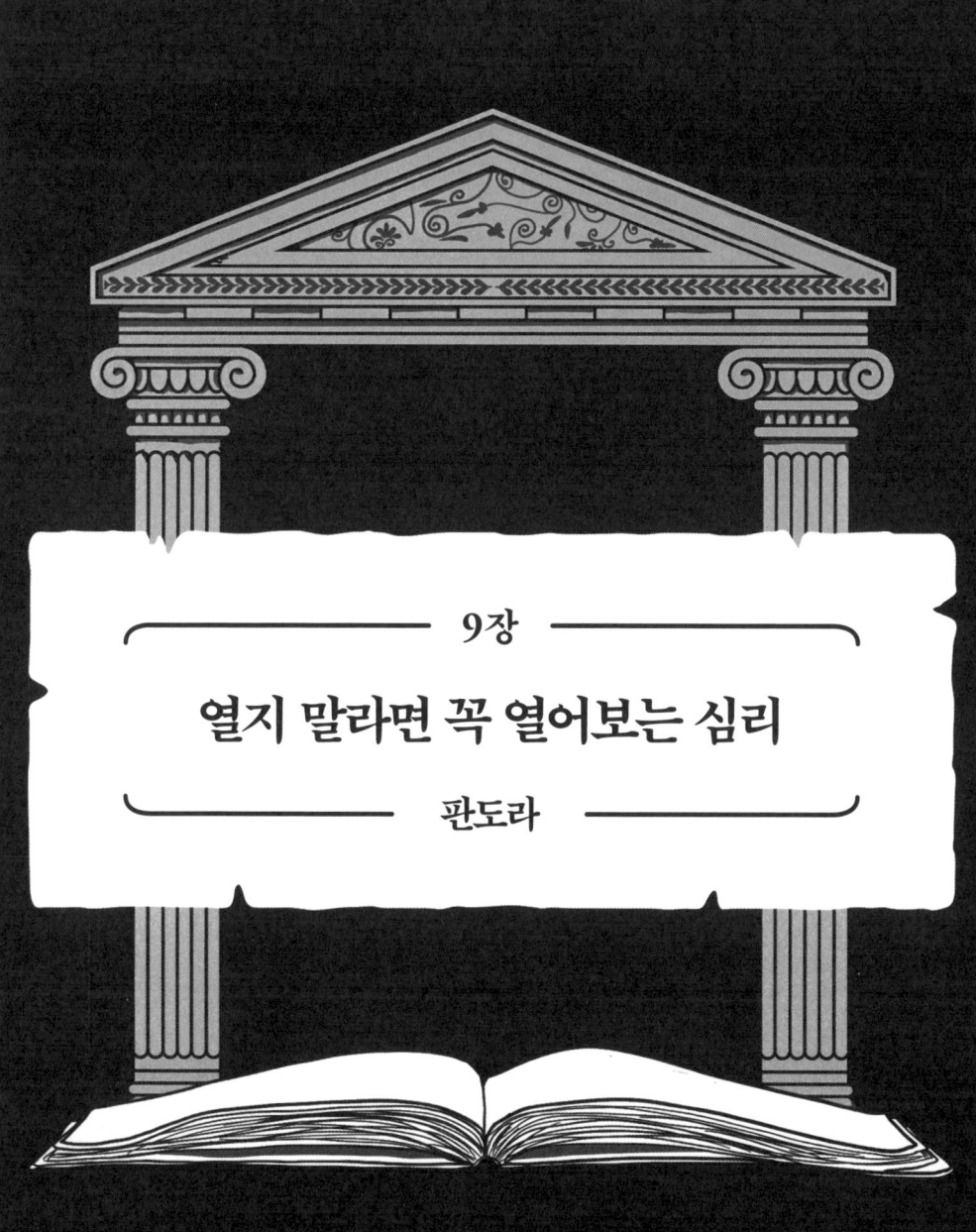

9장

열지 말라면 꼭 열어보는 심리

판도라

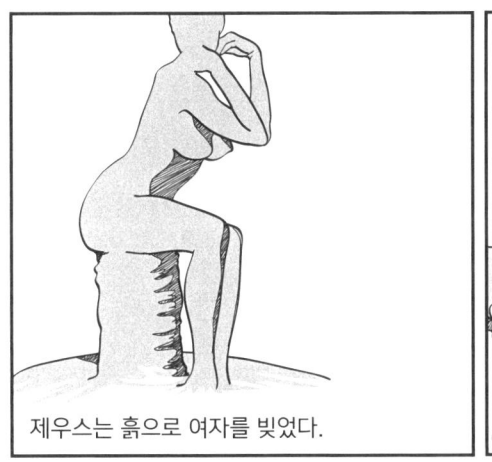

공동제작자 헤파이스토스로부터 귀엽고 매력적이며
수줍음 많은 소녀의 상을 받았고

지혜의 근원인 아테네에게선
자수를 놓고
미세한 직물을 짜는
기술을 받았고

미의 여신 아프로디테에게선 아름다운 매력과 고통에 찬 동경과
남자들 팔다리에 힘이 빠지게 하는
비탄을 받았으며

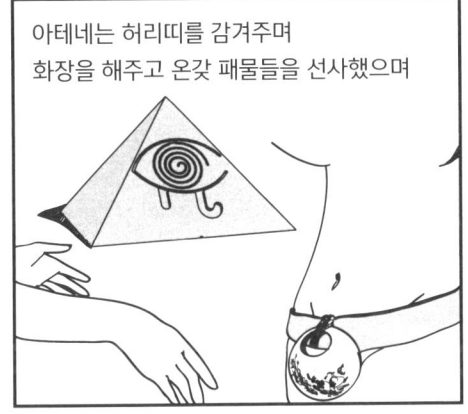

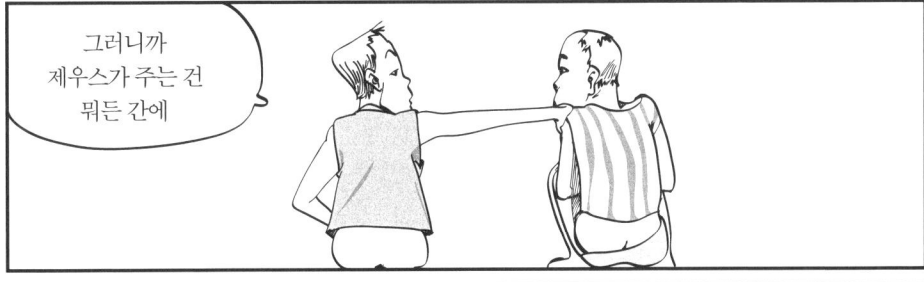

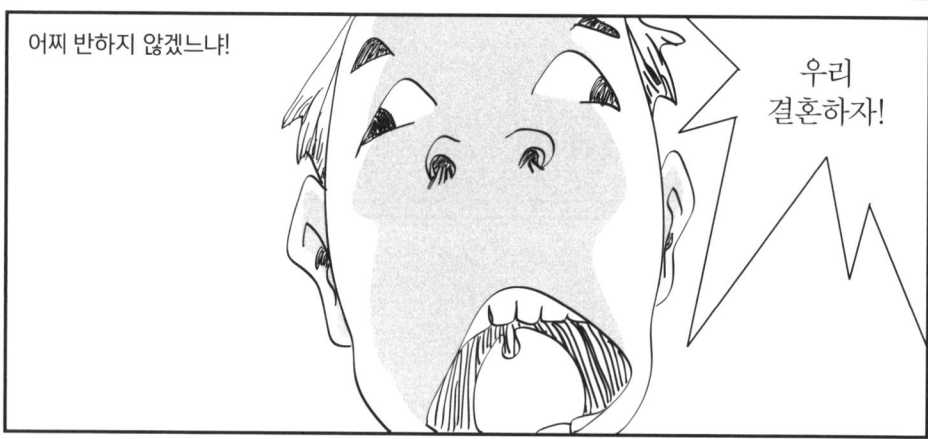

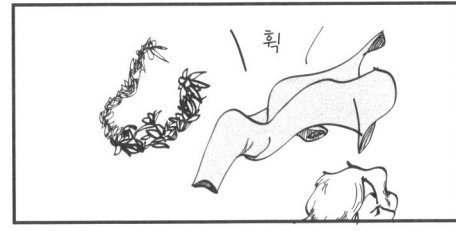

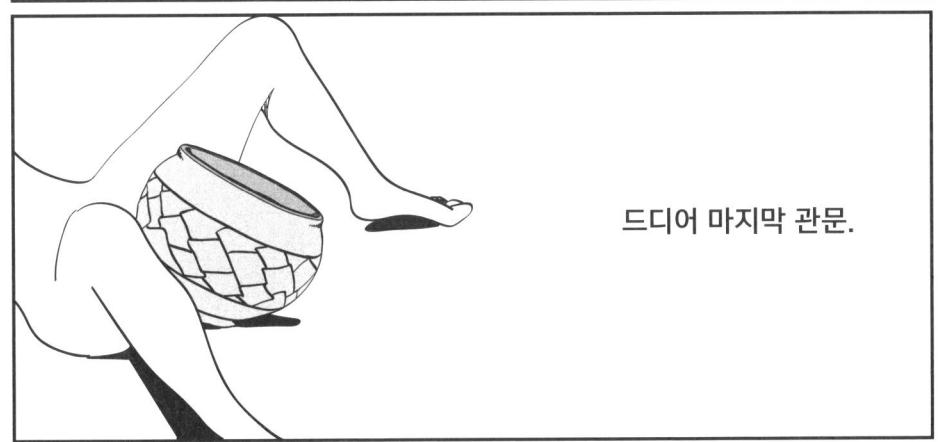

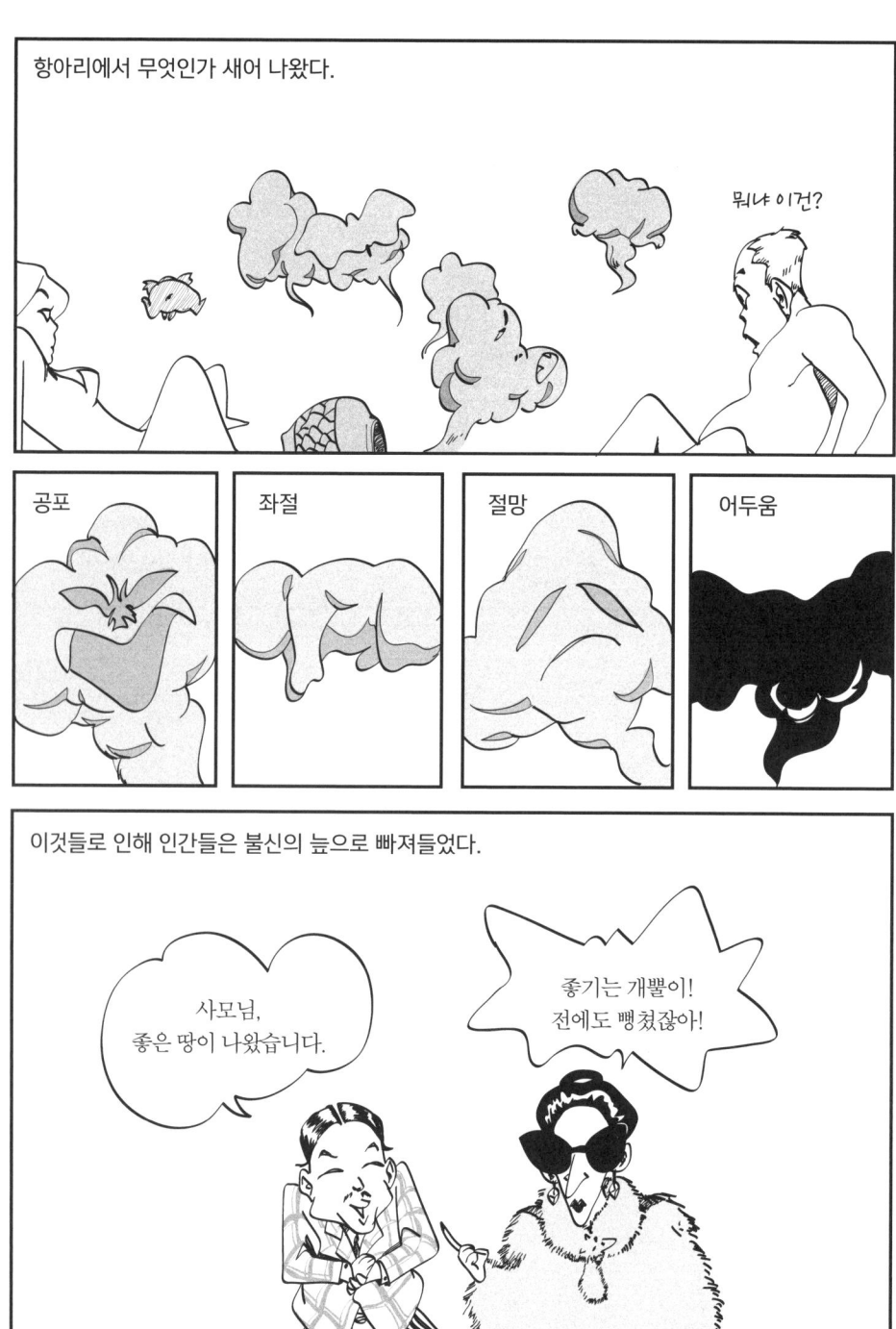

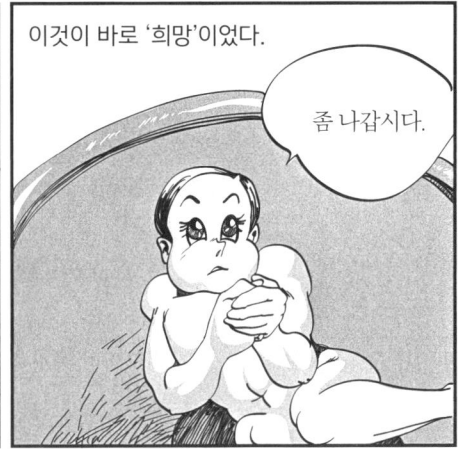

아뿔싸! 늦은 거였다.

아아뿌울싸아~♪

그나저나 이 일에 대하여 표면적으로라도 누군가 책임을 지기는 해야 할 텐데.

에이, 할 수 없지. 인간들이 어디서 났는지 모르지만 이제는 '불'을 사용하게 됐으니, 안 좋은 일 하나쯤 있어야 저울질이 되지 않겠나.

쉽게도 결정한다.

너희 형제 공동책임이지만, 프로메테우스, 네가 나와 친하니 엄하게 벌하자는 의미에서 네가 뒤집어써라.

프로메테우스는 어이없는 이 결정에 대해
한마디 반문도 할 수 없었다.
제우스의 나직한 음성을
들었기 때문이었다.

대들지 말지 그랬니.

프로메테우스에게 내려진 형벌.
세상의 가장 높은 언덕 위에 있는
바위에 쇠말뚝을 박고
고통스런 쇠사슬에 묶인 채
파먹혀도, 파먹혀도
새롭게 자라나는 불멸의 간을
독수리에게 매일 쪼아 먹혀
끊임없이 반복되는
고통을 겪는 것이었다.

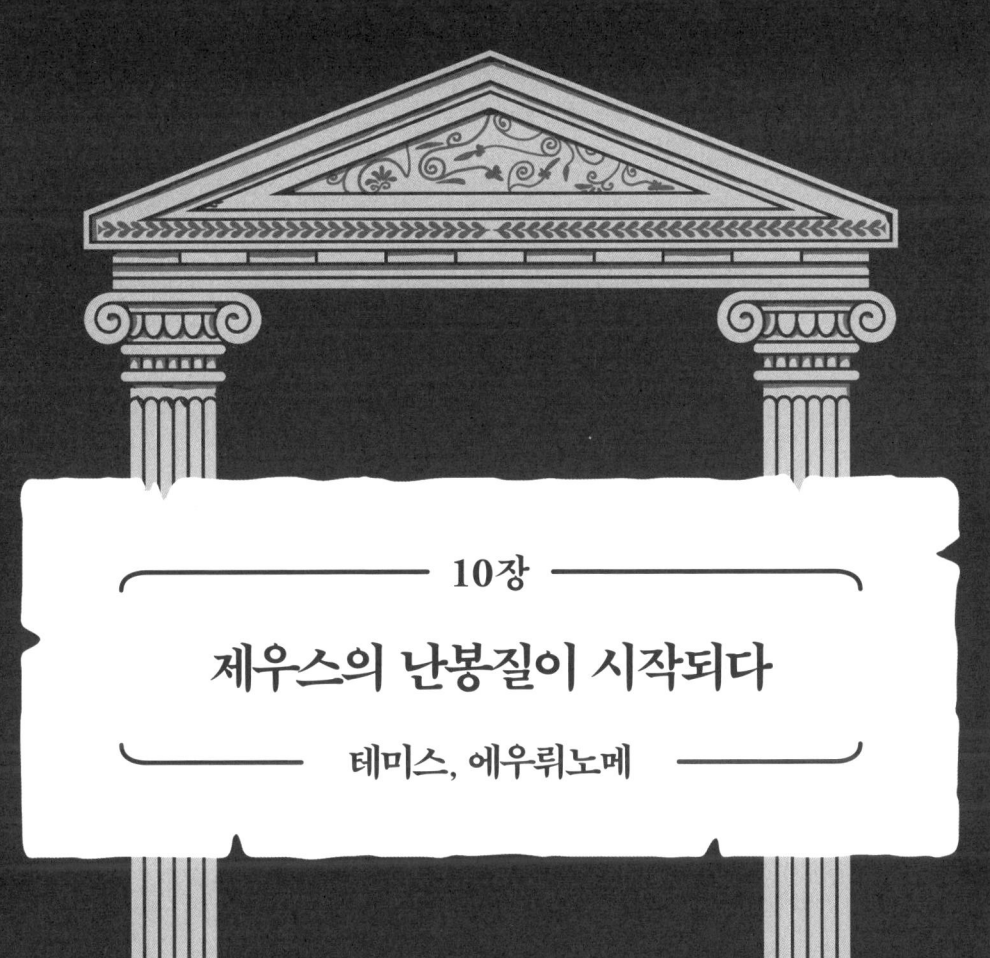

10장

제우스의 난봉질이 시작되다

테미스, 에우뤼노메

구전이건 사서이건 간에 어디서도 그녀에 대한 흠은 찾아보기 힘들다.

질투의 여신 헤라도 테미스만큼은 존중했다고 한다.

테미스는 티탄 12인 가운데 하나였다.

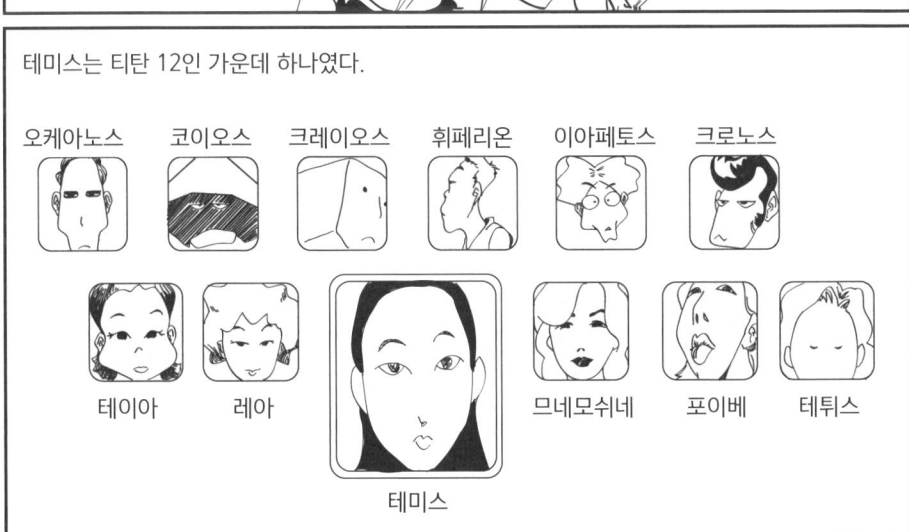

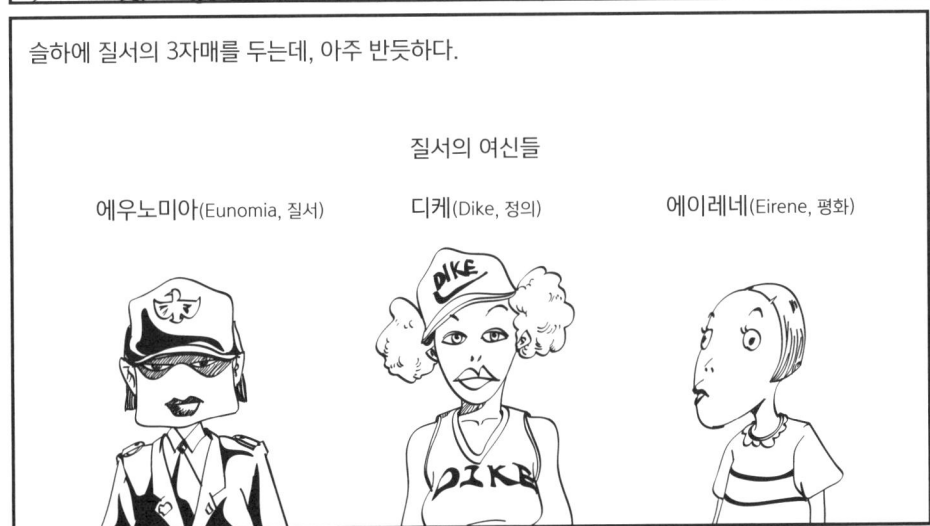

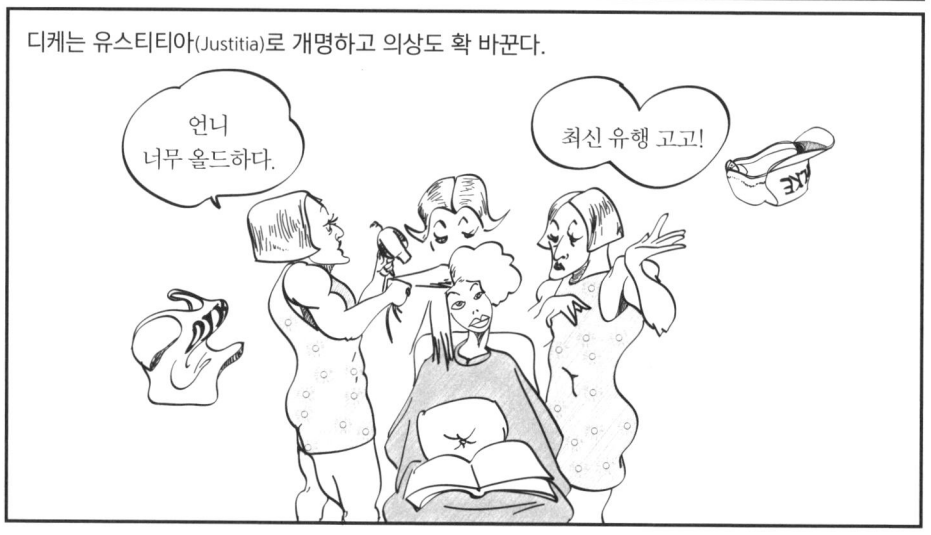

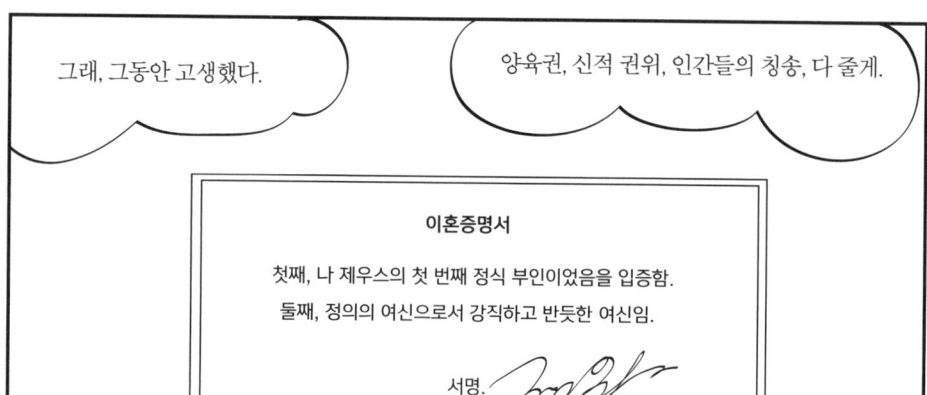

빈 잔은 다시 채워야 하는 법.
남겨진 제우스는 오케아노스의 딸
에우뤼노메(Eurynome)와 흐르는 사랑을 나눈다.

11장

딸 찾아 지옥 삼만리

데메테르

GREEK AND ROMAN MYTHOLOGY

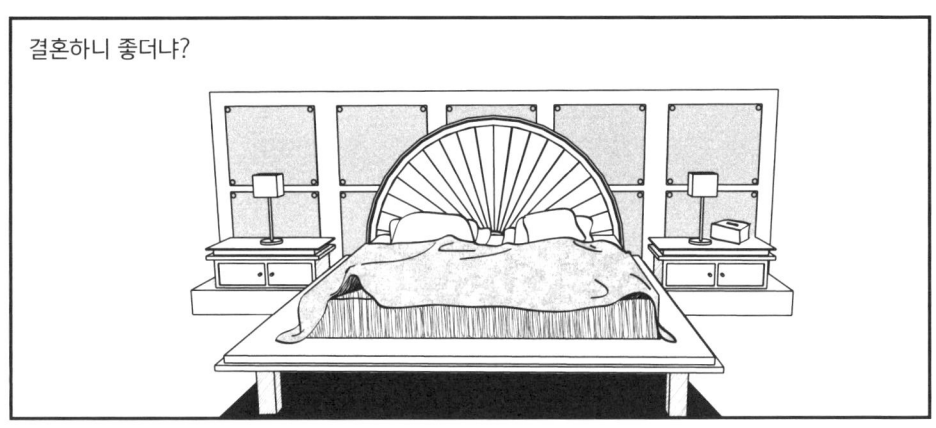

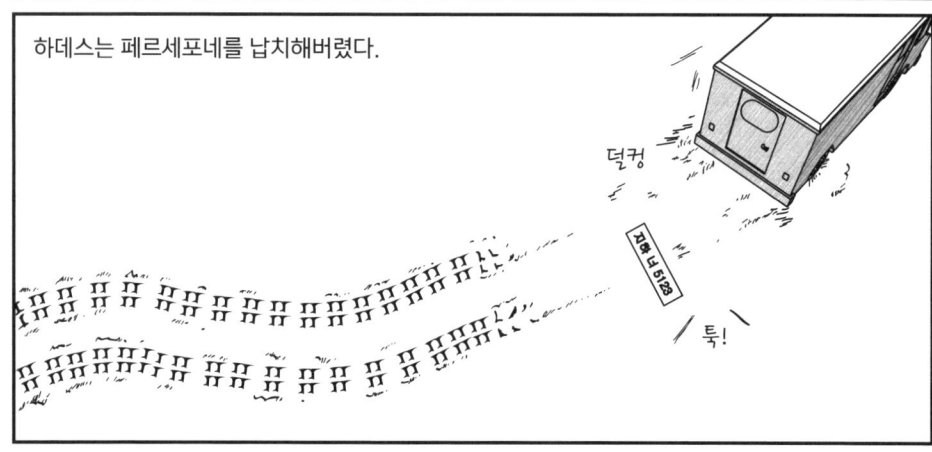

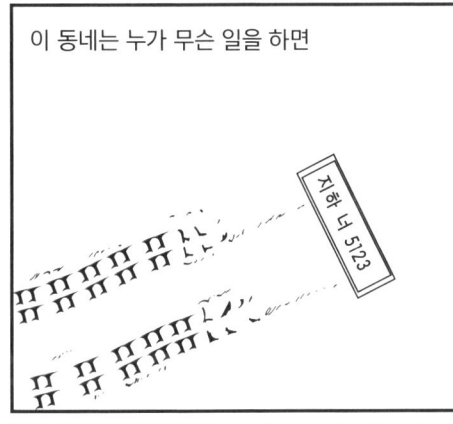

삶의 낙을 잃은 데메테르는

초로의 모습으로 딸을 찾아나섰다.

에구에구, 내 딸.

어디 가서 찾을꼬…

데메테르가 딸을 찾아나서면서 해야 할 일들을 뒤로 미루게 되었고 이로 인해 땅은 타들어가며 곡식은 메말라갔다.

많은 사람들과 동물들은 말라 죽어갔지만, 데메테르는 딸을 찾아 헤맬 뿐이었다.

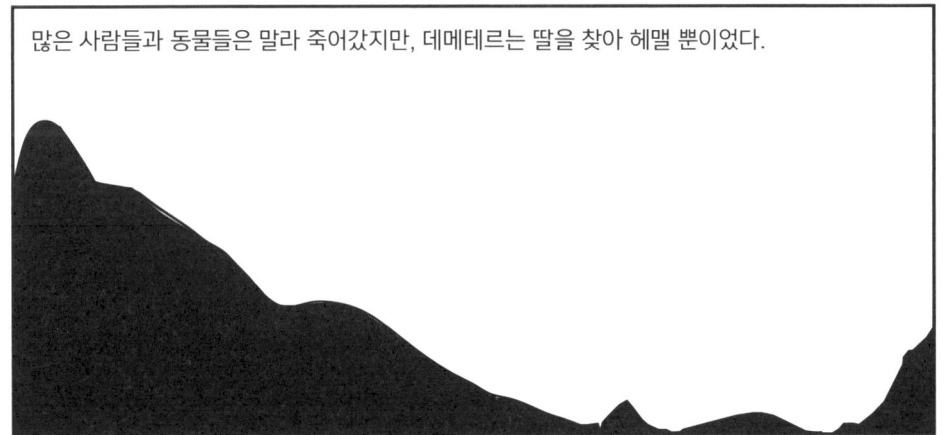

자식 잃은 슬픔 때문인지 데메테르는 데모폰을 어여삐 여겼다.

데메테르는 아이를 불사신으로 만들기 위해 밤이면 남몰래 벌건 화염 속에 담금질했다.

하지만 비밀이란 게 어디 있는가.

어느 날 지나가던 시녀 하나가 이 광경을 목격한다.

한편, 데메테르의 출타로 엉망이 되어버린 인간계의 아우성에 제우스는 더 이상 방관만 할 수 없는 노릇이었다.

하데스에게 전령을 보냈다.

그 기간 동안 마음 아파 우는 데메테르 때문에
모든 대지가 죽어가는 겨울이 온다고 한다.

또한 다시 페르세포네가 돌아오면 대지는 생기를 띠게 된다.

이후 데메테르는 제우스와 헤어지고 크레타 섬의 반신반인(半神半人)
이아시온(Iasion)과 재혼하여 부의 신 플루토스(Plutos)를 낳았다.

12장

그녀를 절대 쳐다보지 마라

오르페우스, 에우뤼디케

GREEK AND ROMAN
MYTHOLOGY

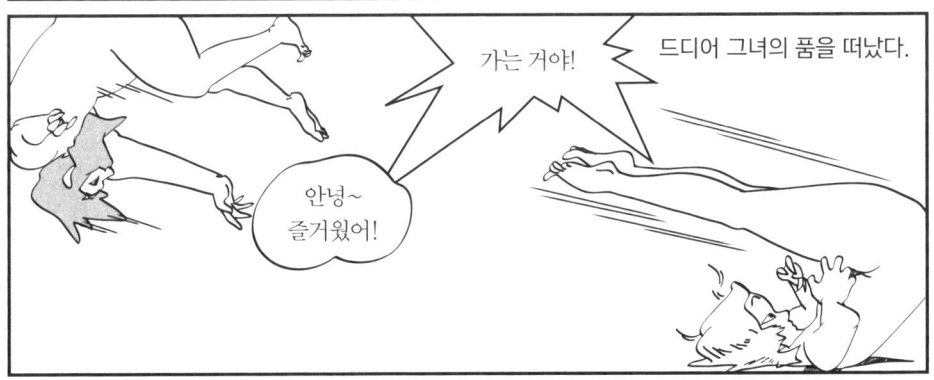

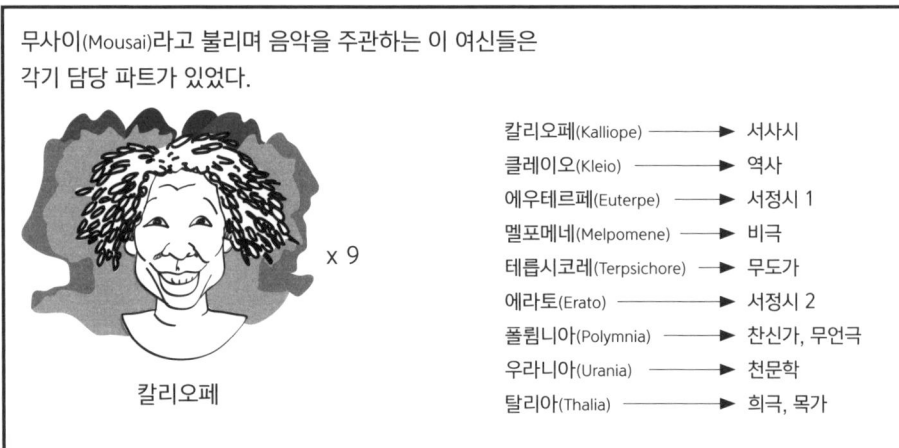

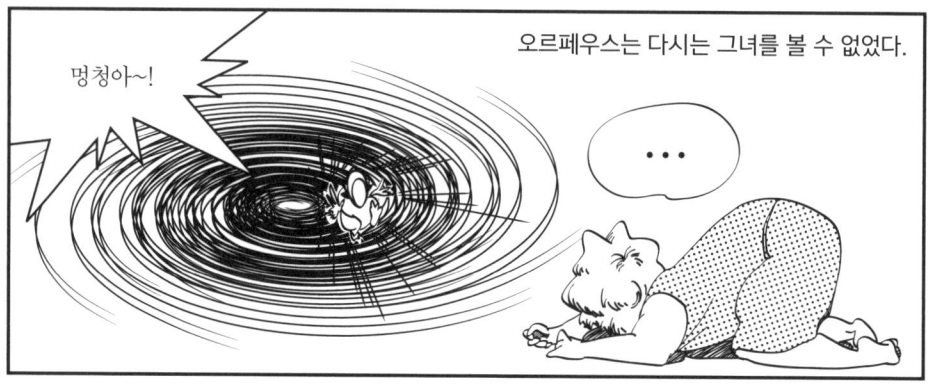

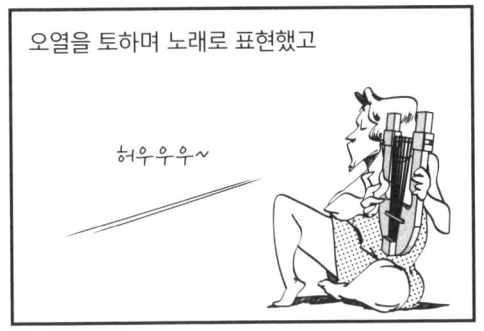

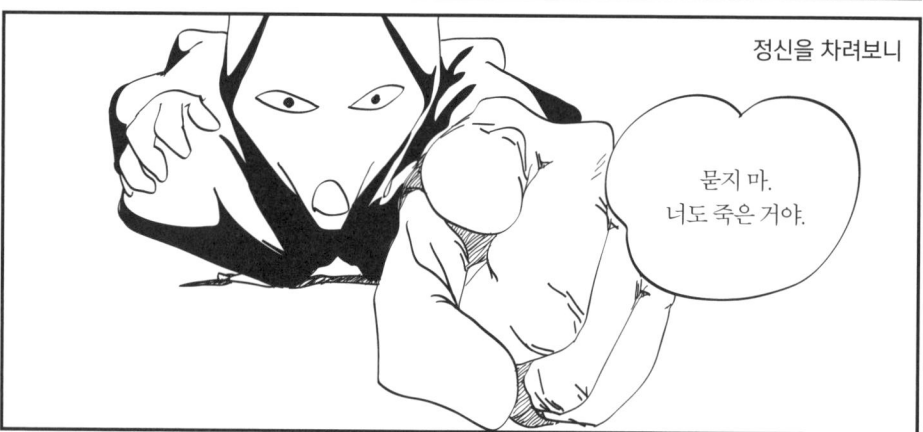

13장

제우스가 유일하게 두려워하는 여자

헤라

GREEK AND ROMAN
MYTHOLOGY

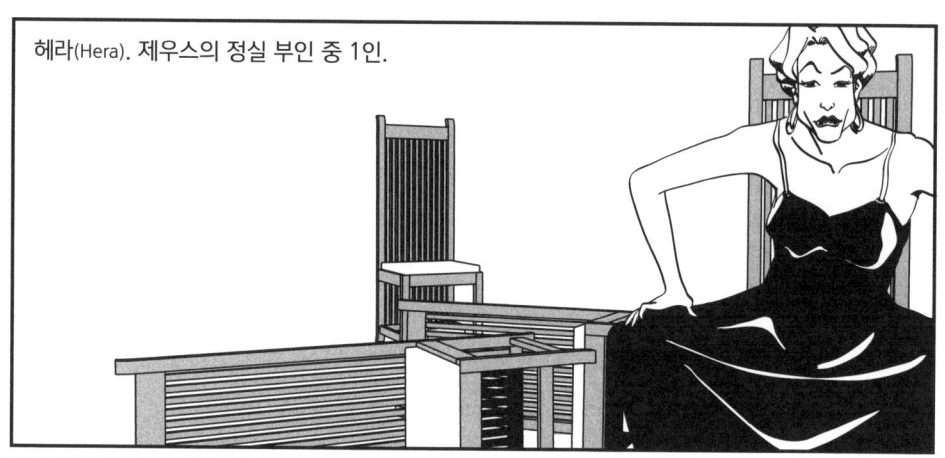

헤라(Hera). 제우스의 정실 부인 중 1인.

알려진 바에 의하면, 헤라가 아르고스의 숲을 거닐다가 호기심 가득한 제우스가 폭풍우를 일으켜 그녀를 흠뻑 적신 후, 사랑고백을 하여 결혼했다고 한다.

신혼이야 어떠했는지 모르지만, 제우스의 난봉 때문에 성격이 이상해져 질투와 복수의 여신이 되었다고 한다.

그런데 그리스의 펠로폰네소스 반도에 가면 아르고스라는 지방이 있는데

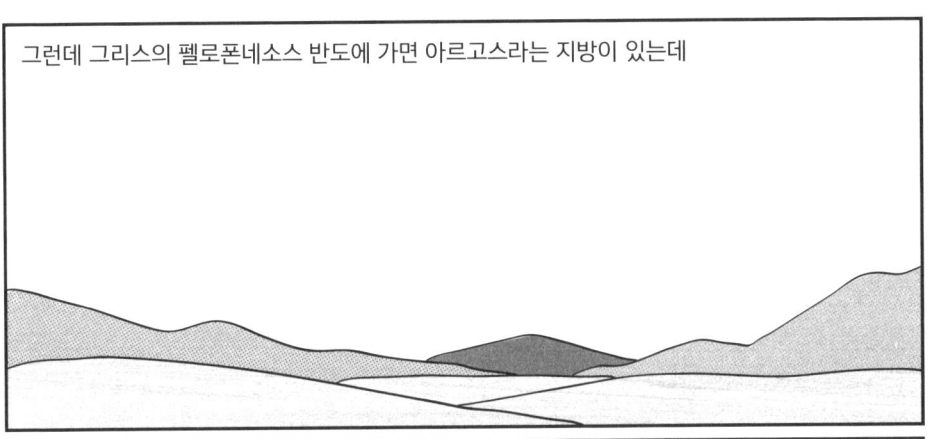

그곳에서 헤라는 출산과 자연의 여신으로 사람들에게 추앙받았다고 한다.

그런 훌륭한 신이 훗날 제우스의 난봉질만으로 잔인한 여신으로 변신했다는 것은 뭔가 석연치 않다. 원인은 다른 데 있지 않을까?

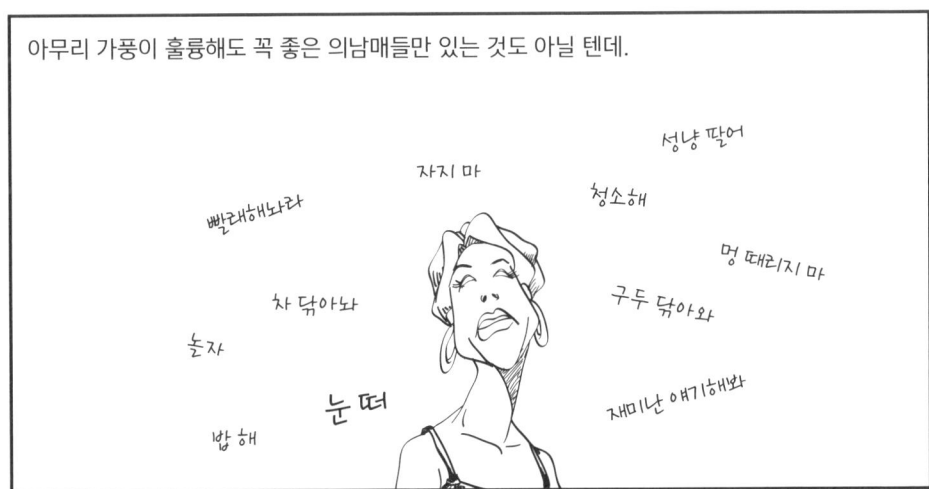

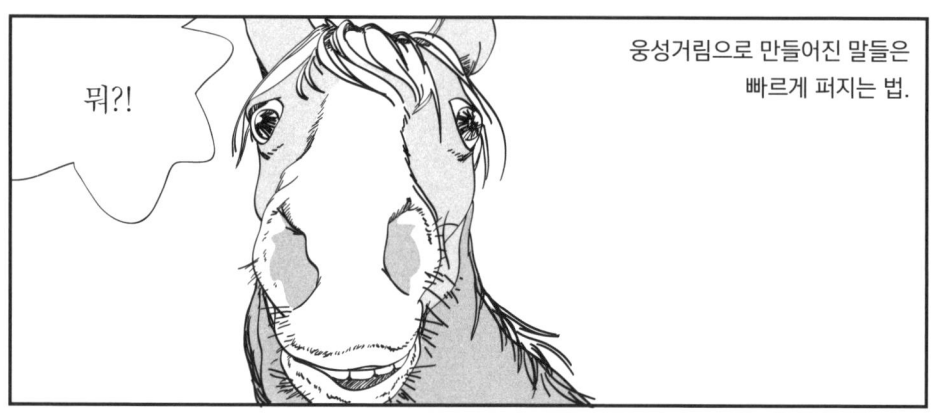

풀어뜨린 머리채의
황금빛 흐름 밑에 가리워진 채
그는 그녀의 아름다운
순종의 매력을 기뻐하며
우월한 사랑으로 미소 지으니
마치 주피터(제우스)가
오월의 꽃 피우는 구름을 잉태케 하고서,
주노(헤라)에게 미소를 짓듯이
그의 아내의 입술에
순결한 키스를 퍼붓는다.◆

◆ 존 밀턴, 《실낙원》 中

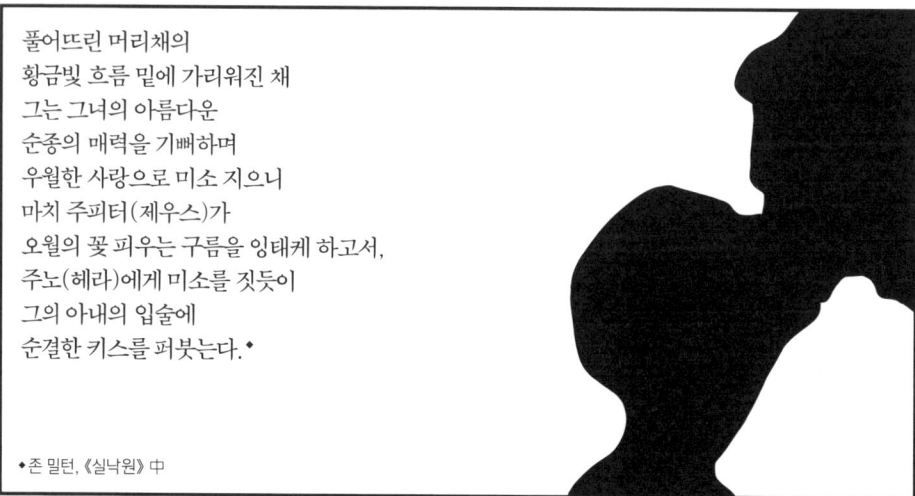

14장

아폴론과 아르테미스의 어머니

레토

GREEK AND ROMAN
MYTHOLOGY

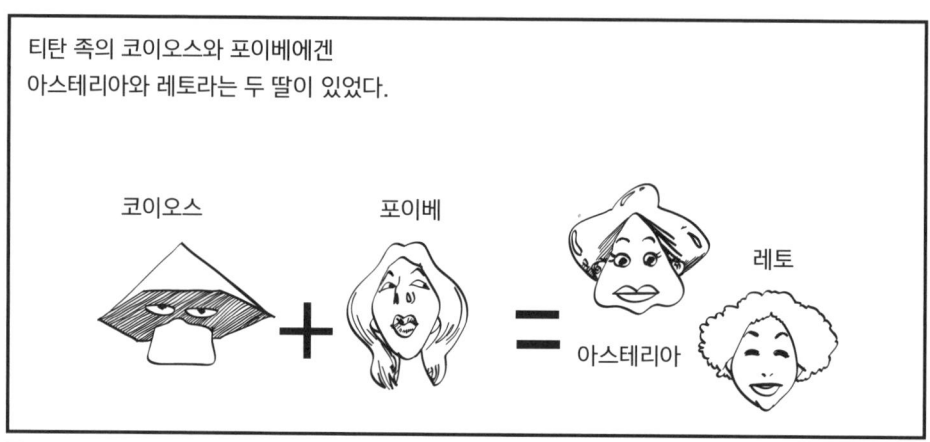

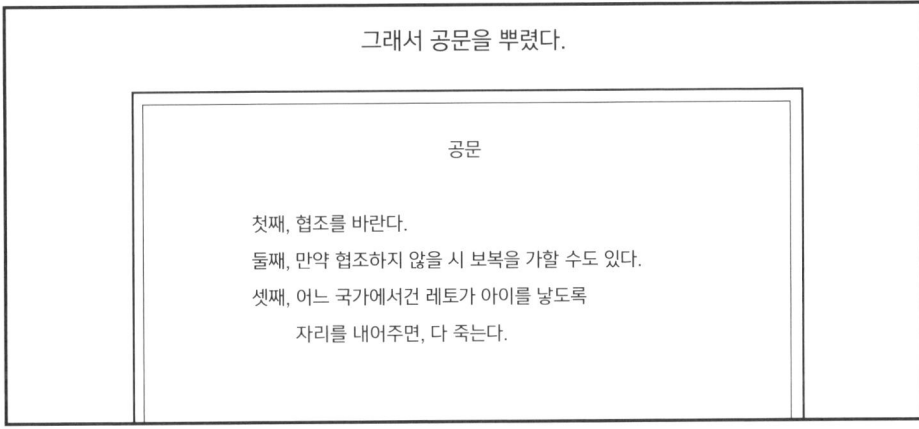

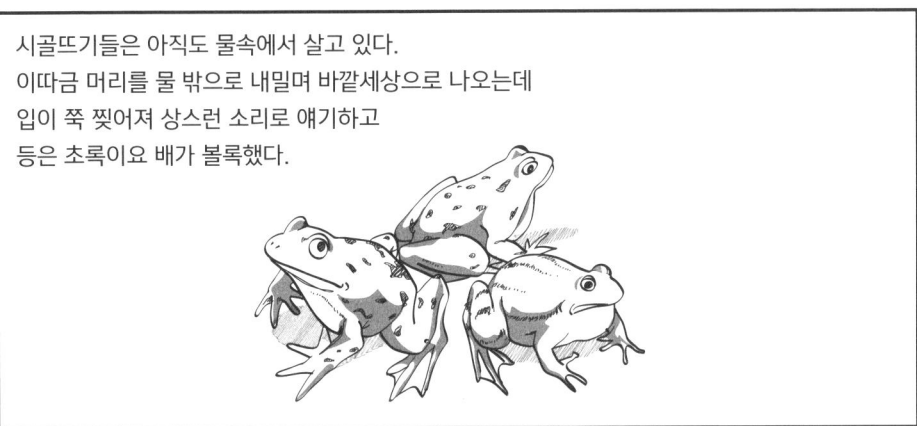

모든 신들이 9일 동안 레토의 수발을 든다.

이리하여 음악의 신 아폴론(Apollon)과 궁술의 신 아르테미스(Artemis)가 탄생했고

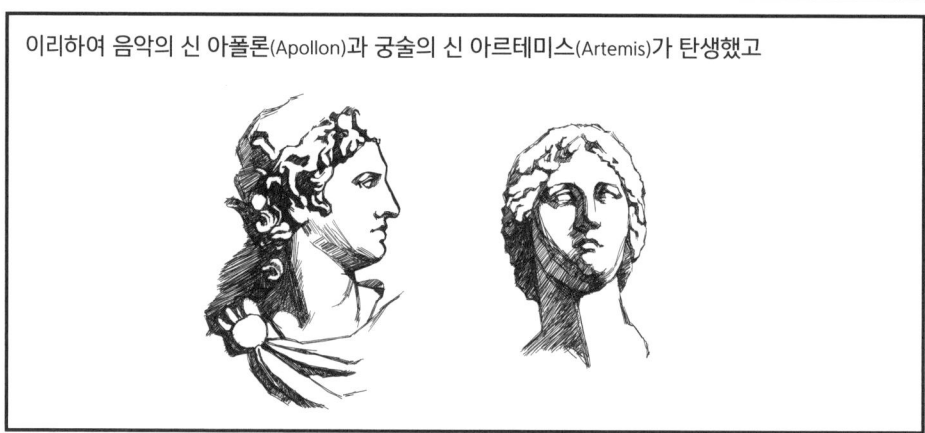

레토의 신전은 델로스 섬에 거하게 된다.

아폴론과 아르테미스 모두 사냥을 잘하였으며 아폴론은 목신(牧神) 판(Pan)에게 예언술도 배웠다.

이 남매는 성격이 더럽기로도 유명한데

티튀오스(Tityos)라는 놈이 제 어미에게 수작질하는 것을 보고

쏘아 죽였는가 하면

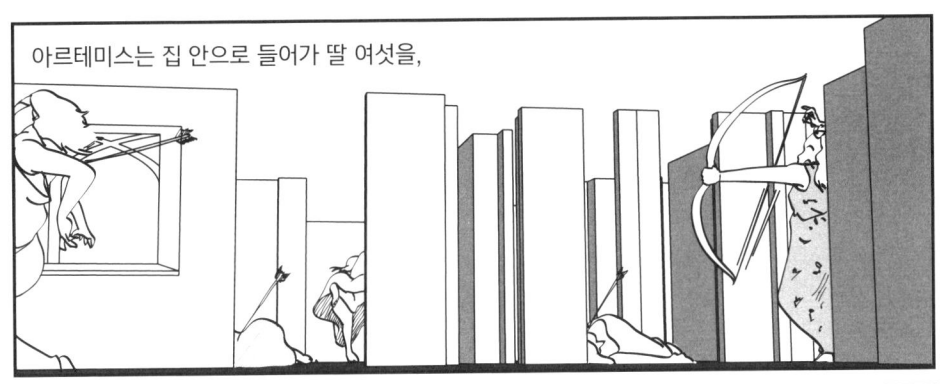

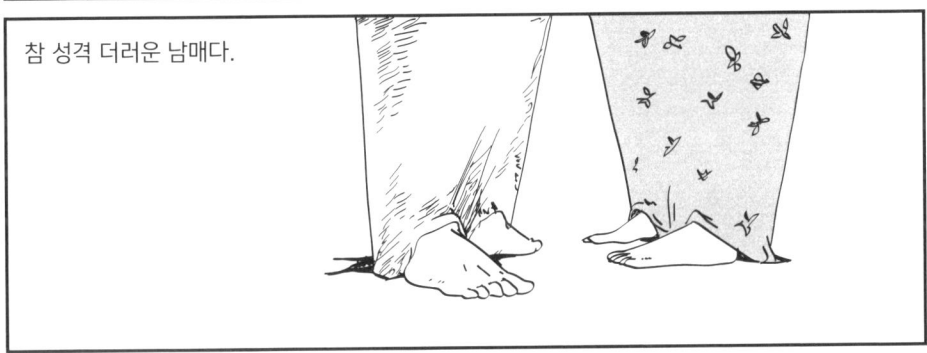

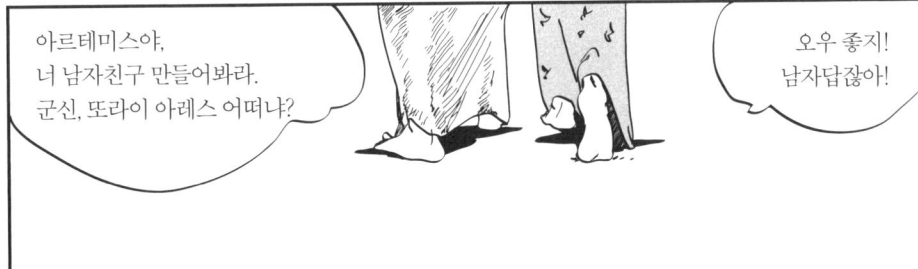

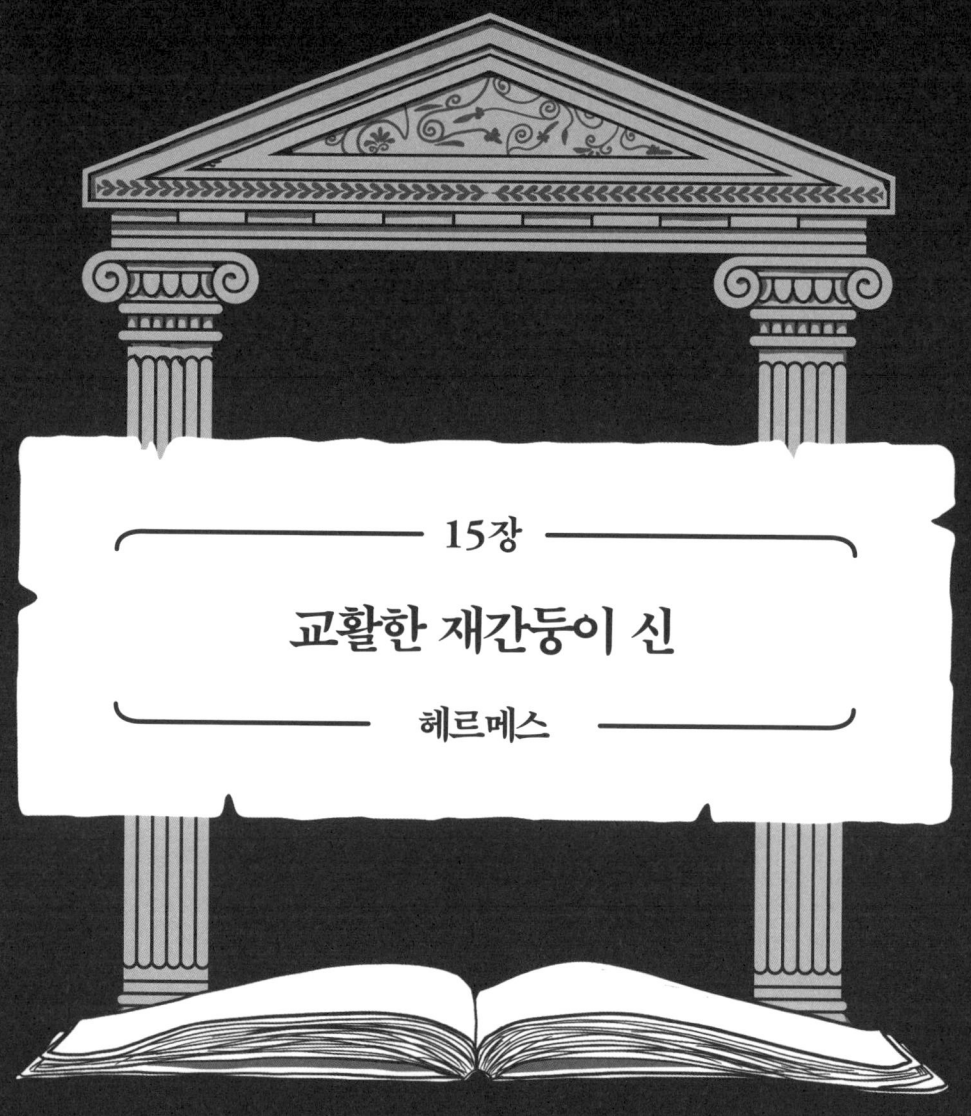

15장

교활한 재간둥이 신

헤르메스

GREEK AND ROMAN
MYTHOLOGY

그리고 슬하에 7녀를 두었는데

| 알퀴오네 (Alkyone) | 켈라이노 (Kelaino) | 메로페 (Merope) | 스테로페 (Sterope) | 마이아 (Maia) |

엘렉트라 (Elektra)   타위게테 (Taygete)

그냥 넘어갈 형제가 아니었다.

에이~ 무슨 생각을 하는 거야. 우린 그냥, 아틀라스한테 미안해서…

지극 정성 딸들을 보살펴 주려는 거지~

포세이돈은 켈라이노, 알퀴오네와 차례로 결혼했고 제우스는 마이아와 결혼했다.

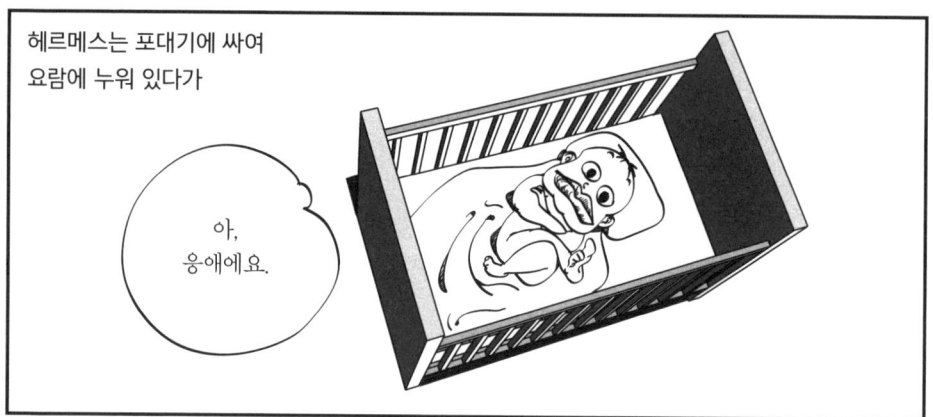

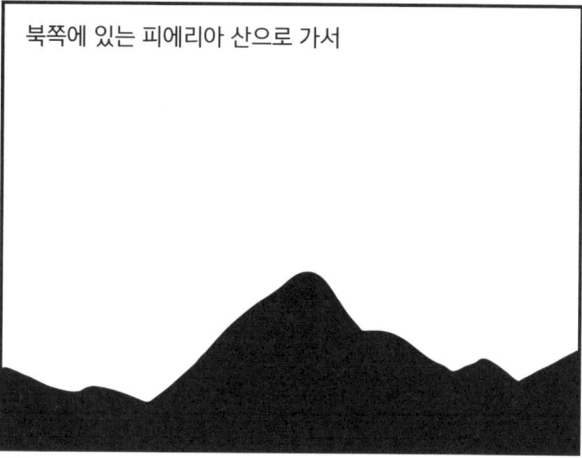

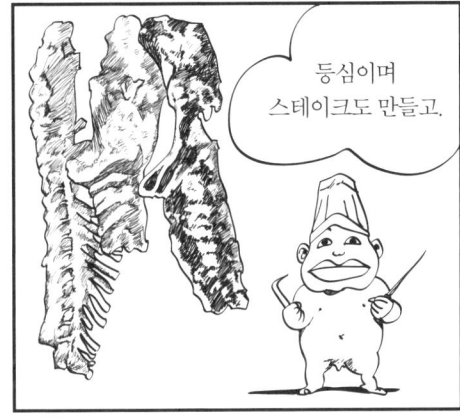

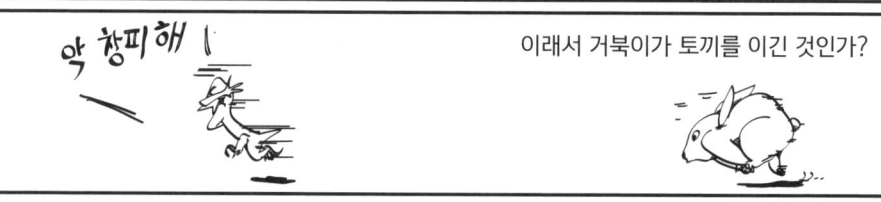

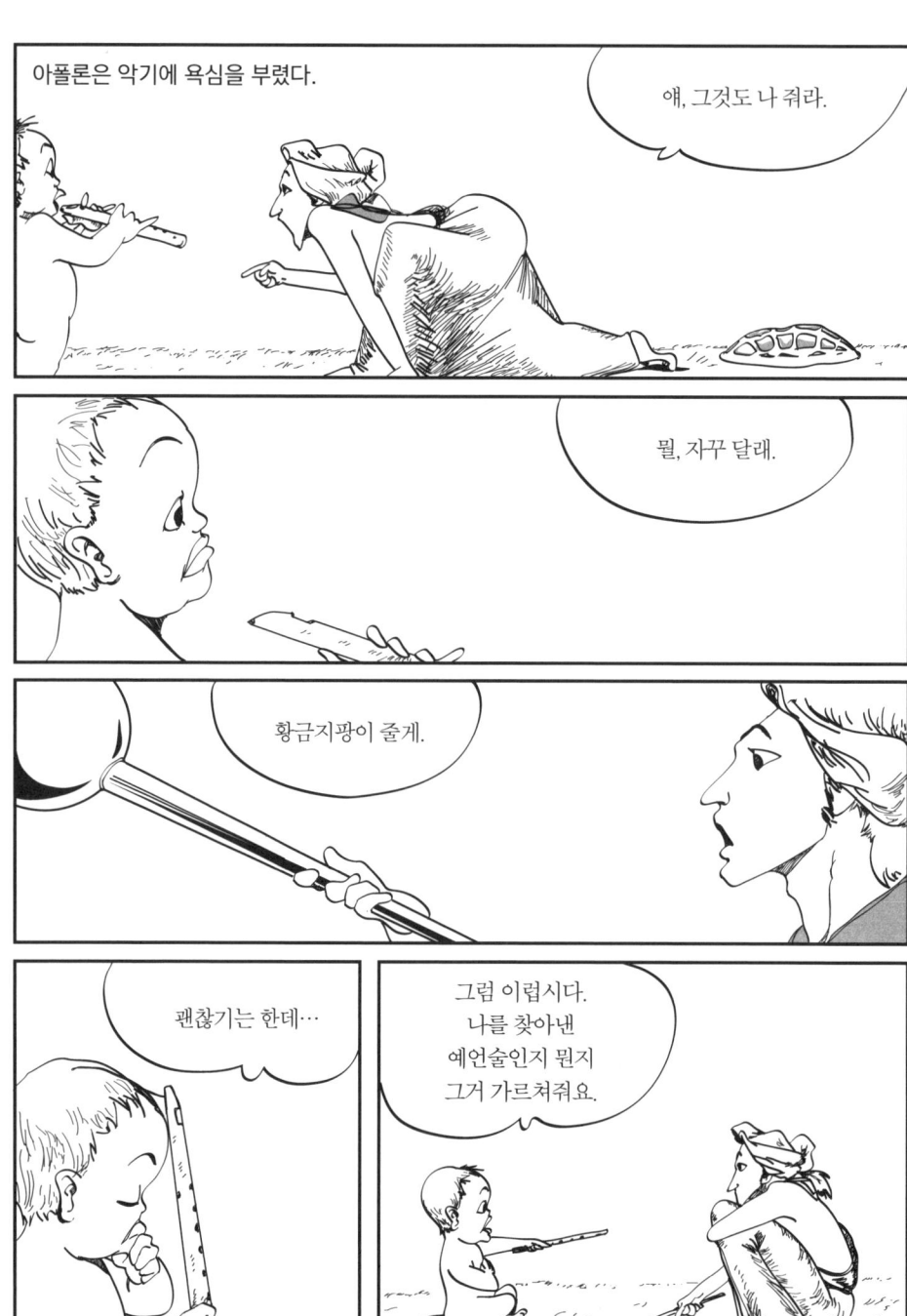

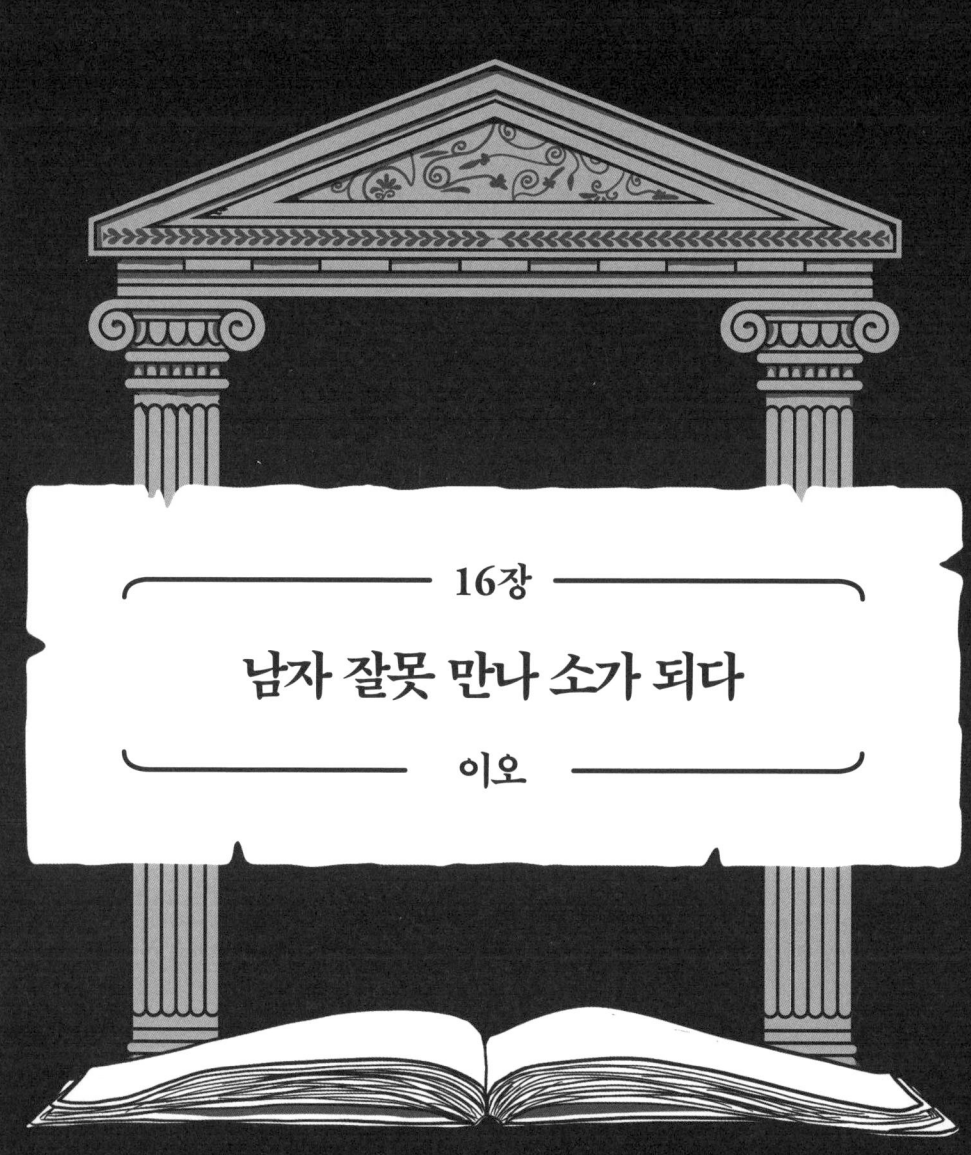

16장
남자 잘못 만나 소가 되다
이오

감미로움에 아르고스는 눈을 감았다. 하지만…

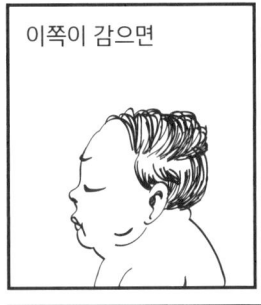

이쪽이 감으면

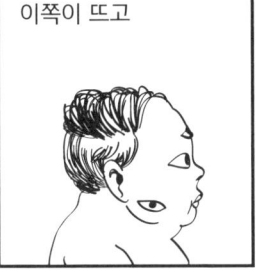

이쪽이 뜨고

이쪽이 감으면 또 저쪽이 눈을 뜨며

아르고스는 경계에 소홀하지 않았다.

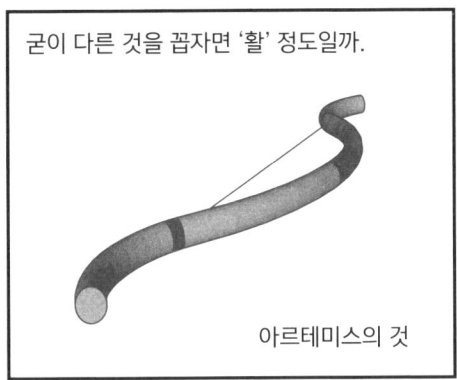
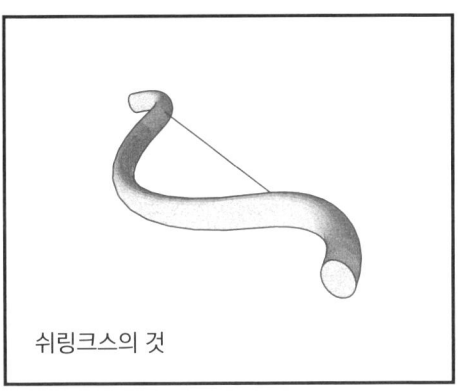

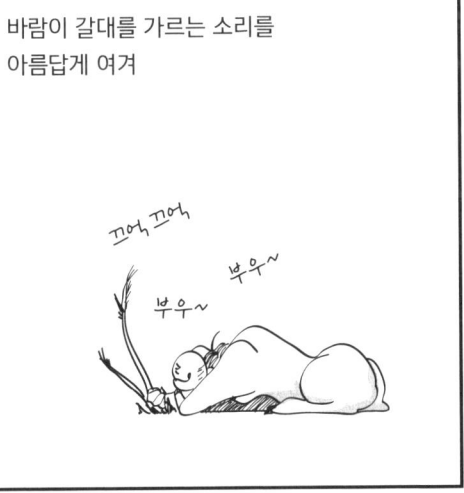

훗날 헤라는 아르고스를 어여삐 여겨 공작으로 만들었다고 한다.

이렇게 구출된 이오는 한동안 먼 길을 방랑했는데 이때 건너간 바다가 이오니아 해라고 한다.

제우스는 힘들게 도망과 방랑생활을 하는 이오가 안쓰러워 헤라를 찾아가 이실직고하였고

헤라는 자선을 베풀 듯 작은 징벌로 마무리하며 청을 들어준다.

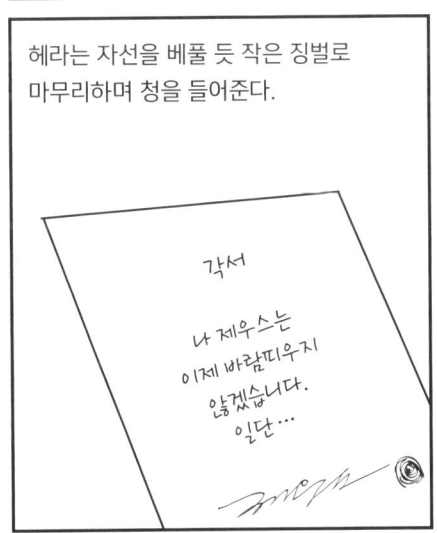

이오는 원래의 모습으로 식구들에게 돌아갔다.

17장

황소를 사랑한 여인의 운명

에우로페, 파시파에

GREEK AND ROMAN
MYTHOLOGY

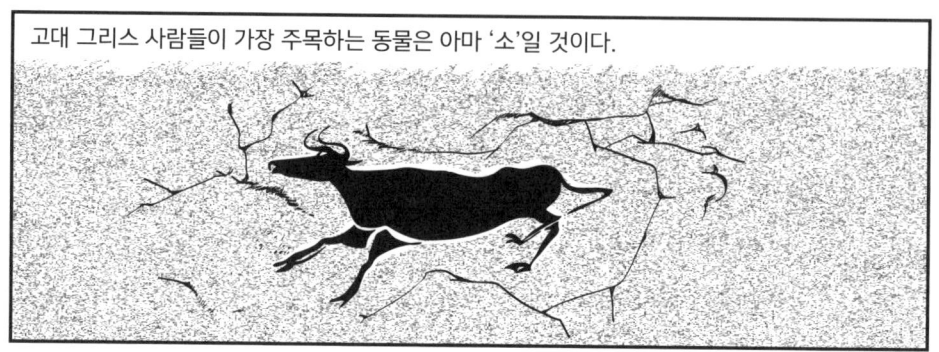

고대 그리스 사람들이 가장 주목하는 동물은 아마 '소'일 것이다.

입에서 향기를 내뿜는 금빛 털의 황소로 둔갑한 제우스가 멈춘 바닷가의 끝자락엔

페니키아의 왕 아게노르(Agenor)의 3남 1녀 중 고명딸인 에우로페(Europe)가 산책 중이었다.

어멋!

뭐냐! 저 예쁜 소는~

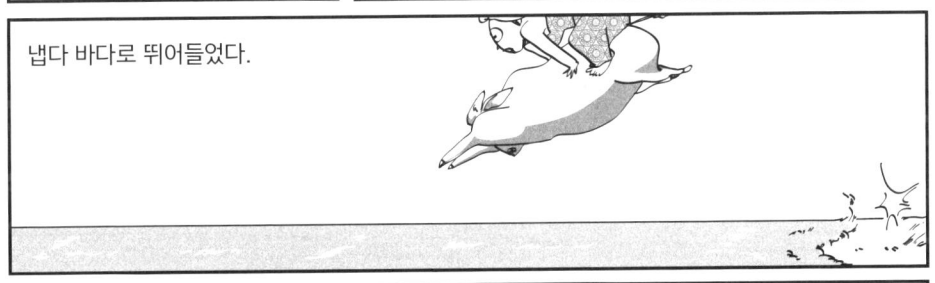

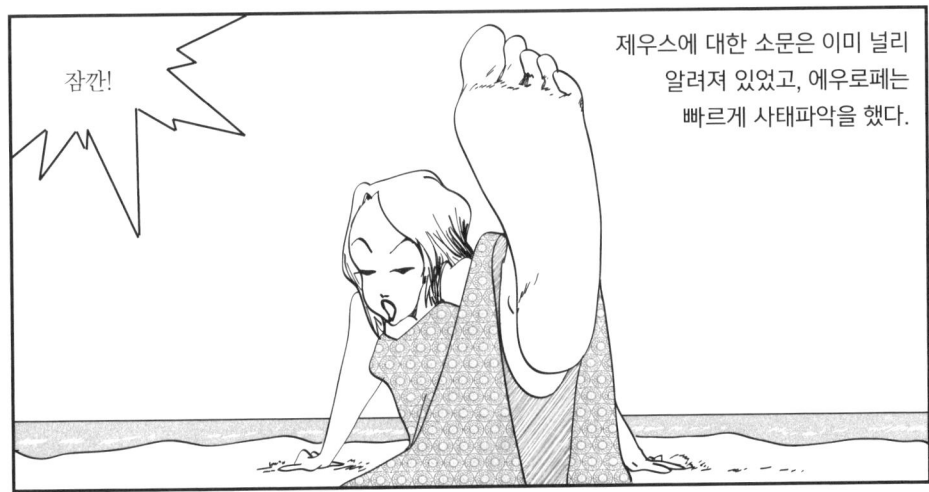

제우스는 에우로페에게 세 가지 선물도 줬다.

경호원 탈로스.

과녁을 빗나간 적이 없는 투창.

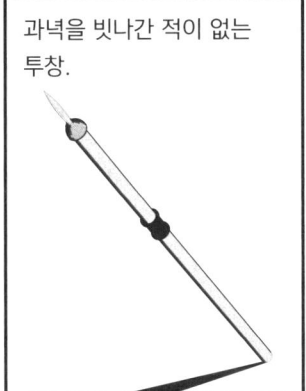

사냥감을 놓치지 않는 사냥개.

뭐! 뼈만 있냐!

그리하여 그들은 미노스(Minos), 라다만튀스(Rhadamantys), 사르페돈(Sarpedon) 셋을 낳고 헤어진다.

잘가

푸아 푸아

에우로페는 크레타 섬에서 진작부터 왕 노릇하던 아스테리오스(Asterios)와 재혼하여

새엄마 과자 주세요.

그 집안 자식들도 함께 키웠다.

엄마, 우리도 주세요.

17장 황소를 사랑한 여인의 운명: 에우로페, 파시파에

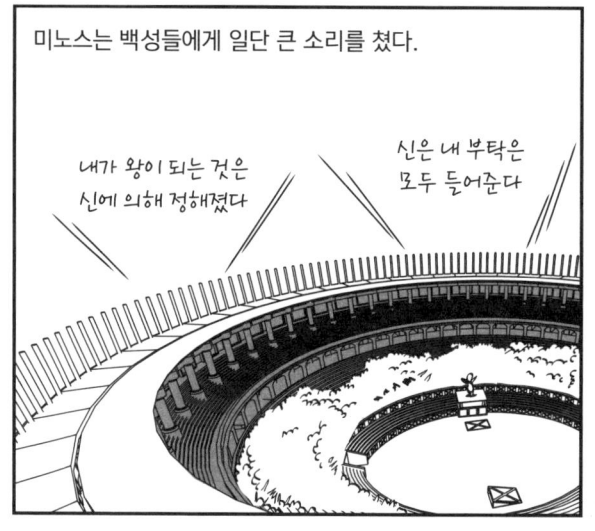

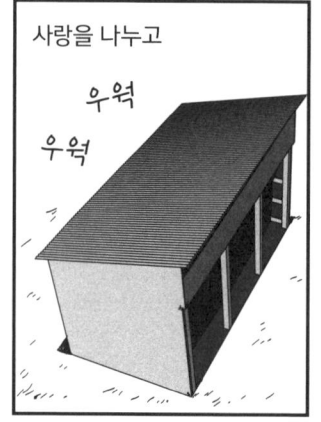

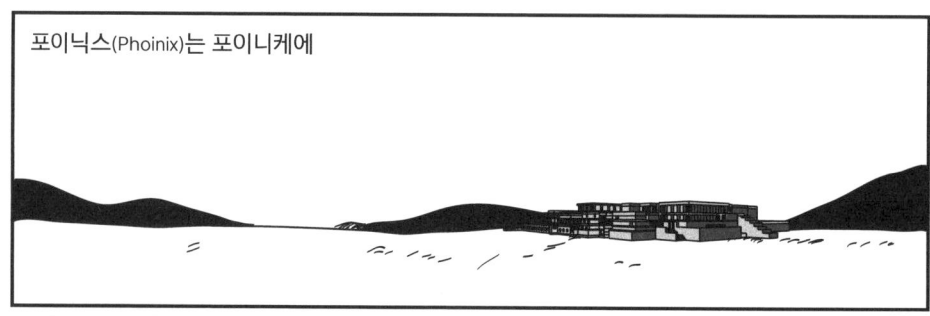

포이닉스(Phoinix)는 포이니케에

킬릭스(Kilix)는 근처 강쪽인 킬리키아에

카드모스(Kadmos)는 트라케를 거쳐 테바이라는 곳에서

알아서 잘 살아갔다고 한다.

18장

제우스의 민낯을 보고 죽다

세멜레

GREEK AND ROMAN
MYTHOLOGY

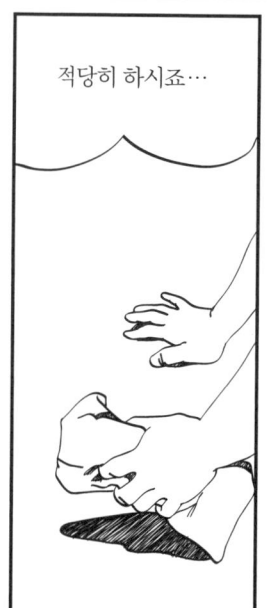

18장 제우스의 민낯을 보고 죽다: 세멜레

이튿날 제우스는 인간의 상이 아닌 신의 광채와 위엄을 대동하며 나타났다.

왜 그랬니… 여자의 허영이여…

뜨겁다는 말, 안 했잖아. 하지만 나도 당신을 보았어.

세멜레는 자신의 말을 후회하며 그 빛과 열기에 타들어갔다.

놀랍게도 그때 이미 세멜레는 임신 중이었고

제우스, 아기를 부탁해요…

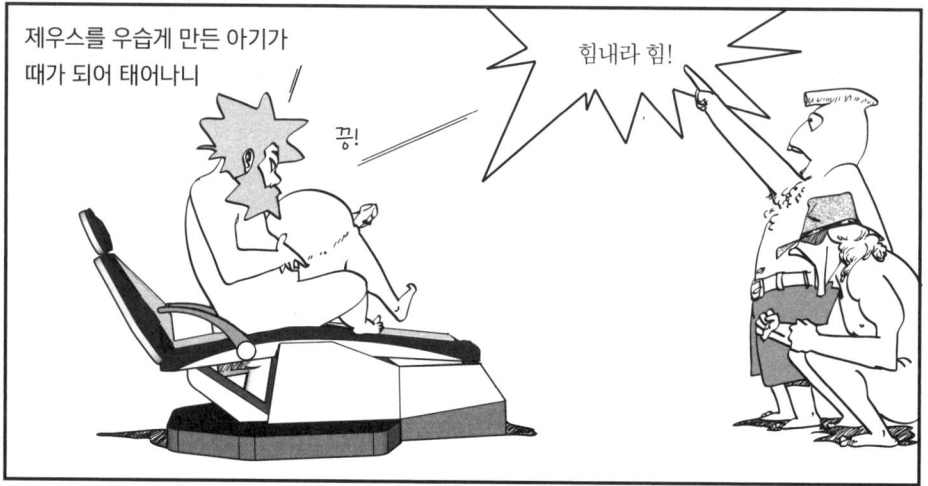

얘가 주신(酒神)
디오뉘소스(Dionysos)다.

醉 취
拳 권

에우로페, 세멜레,
디오뉘소스.

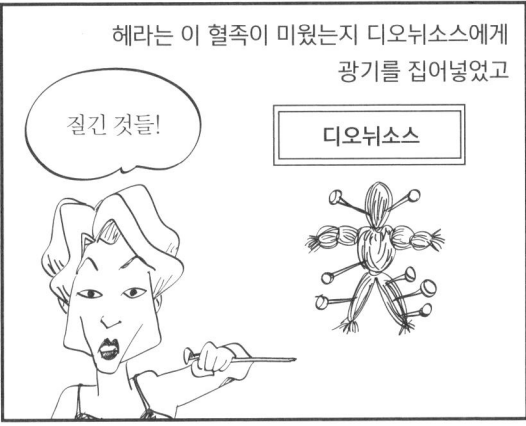

헤라는 이 혈족이 미웠는지 디오뉘소스에게
광기를 집어넣었고

질긴 것들!

디오뉘소스

그게 술이었다.

야, 집에 안 가냐?

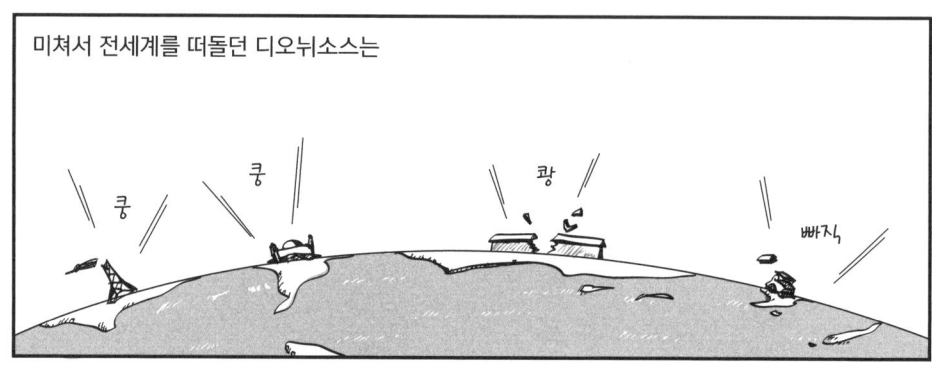

19장

그리스로마 신화 최고의 영웅을 낳다

알크메네

GREEK AND ROMAN
MYTHOLOGY

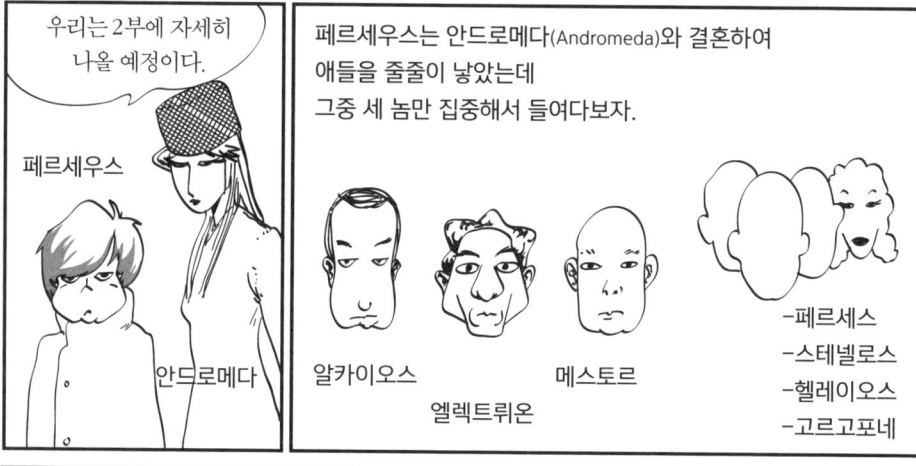
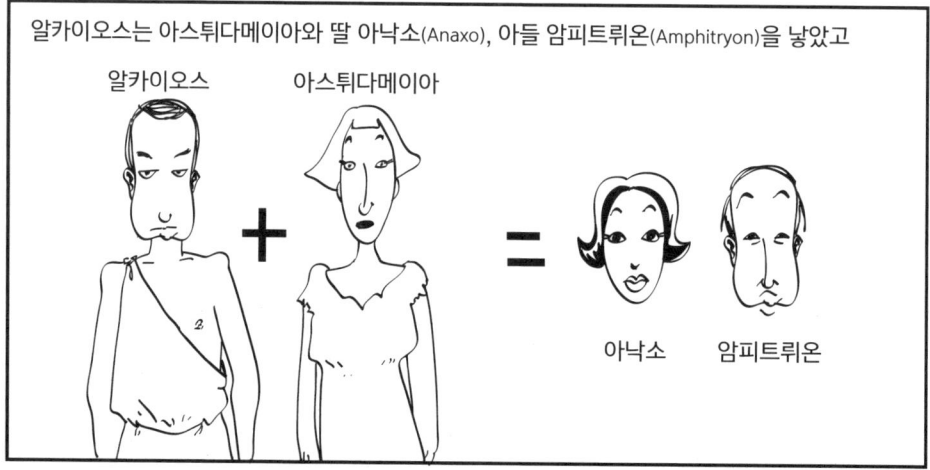

엘렉트뤼온(Elektryon)은 조카 아낙소와 결혼하여 알크메네(Alkmene)와 아홉 아들을 두었다.

그리고 훗날 미데이아(Mideia)와 재혼하여 서자도 두었다.

가지 많은 나무, 바람 잘 날 없다더니 어느 날 미케네를 잘 다스리던 엘렉트뤼온에게 형제 메스토르의 후손인 프테렐라오스(Pterelaos)의 아들들이 패거리들을 몰고 와선 엉뚱한 소리를 한다.

여기 원래 외증조부 메스토르의 땅이니까, 우리한테 왕권을 줘요!

쉬- 같이 가자니까 싫다고

이노무 어린놈의 시키들이!

어미젖이나 더 먹고 와!

혼나기 전에 썩 꺼져!

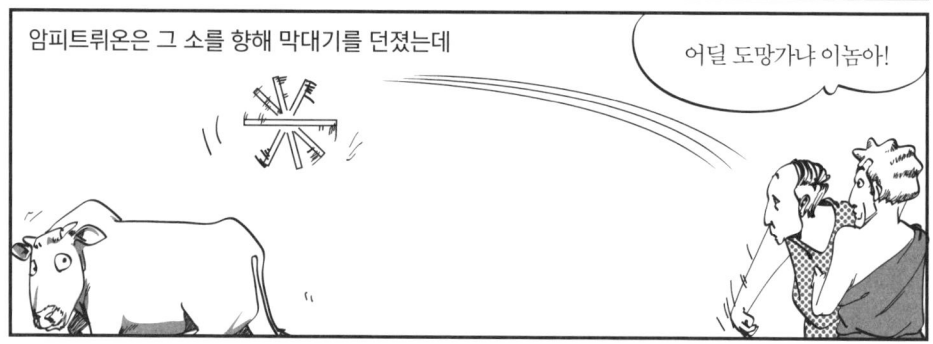

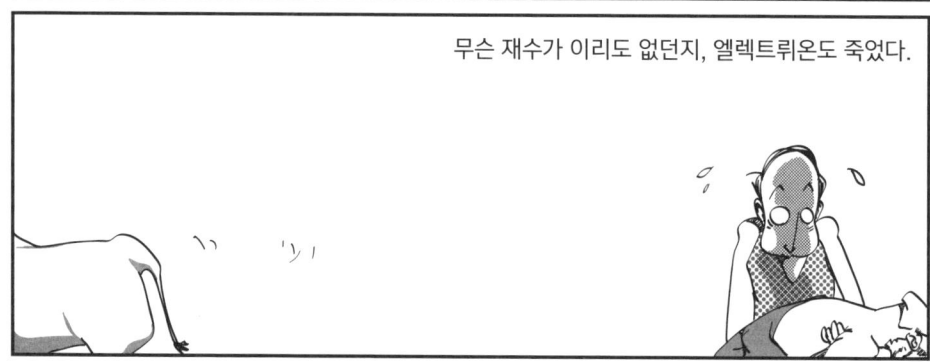

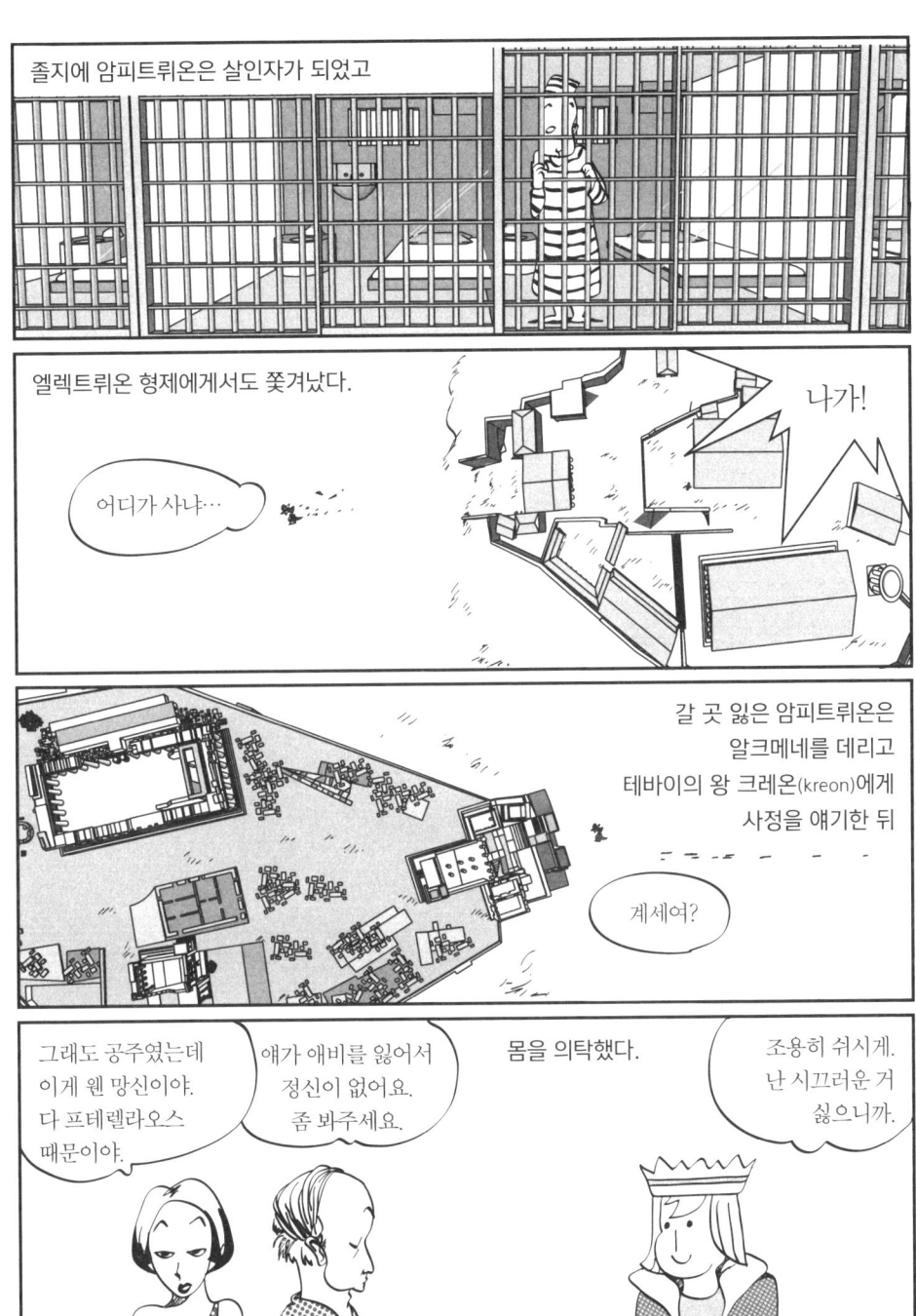

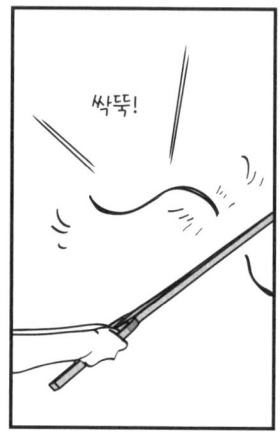

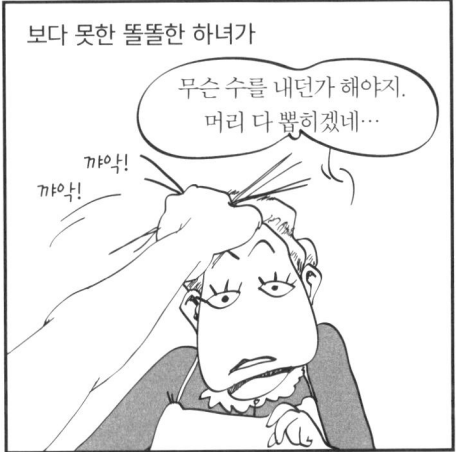

번외 1

신들의 삼각관계

아레스, 헤파이스토스, 아프로디테

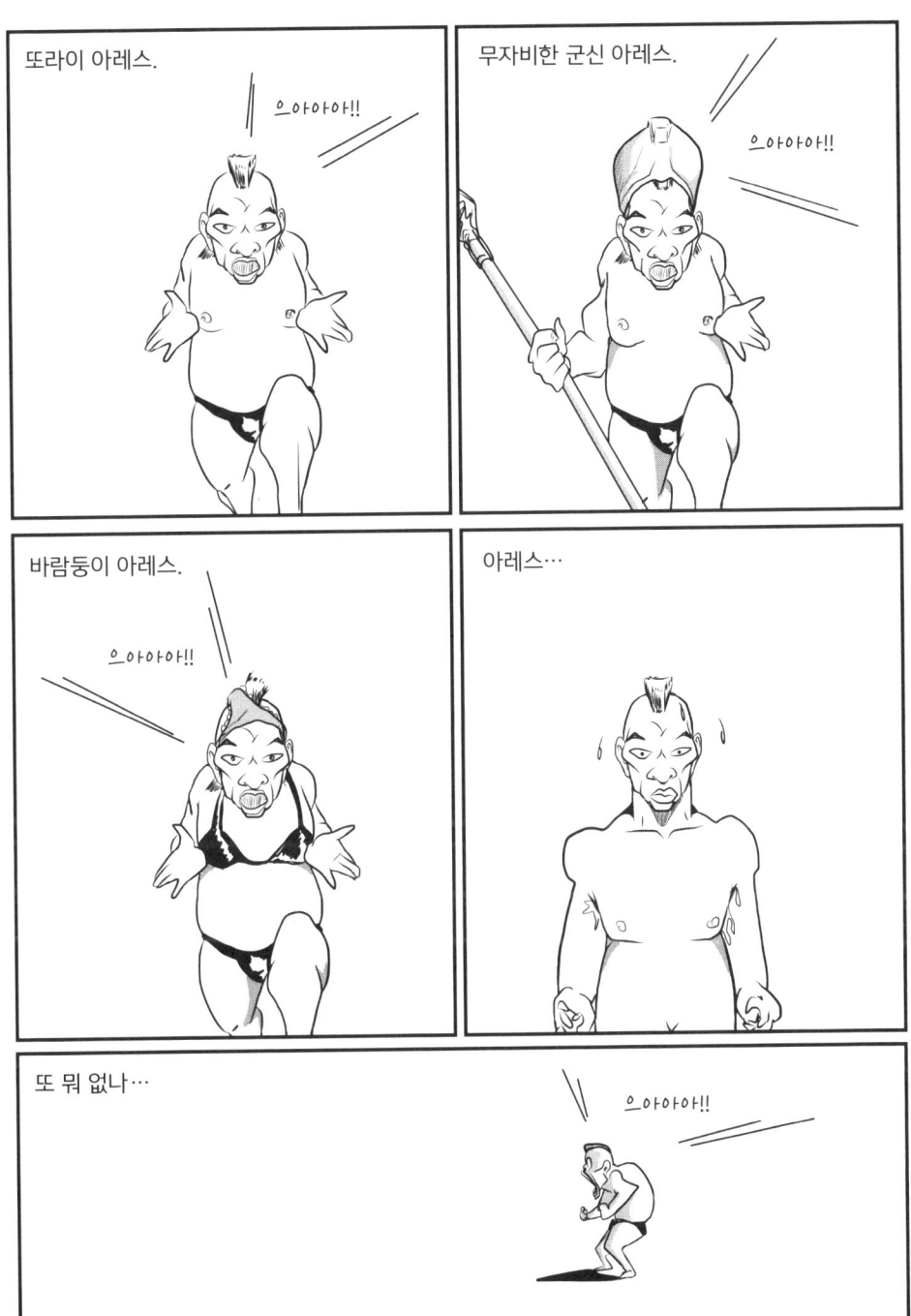

나는 아프로디테의 남편이며, 올림포스 12신 중 하나인 헤파이스토스다.

나는 대장장이 신이며 나의 대장간은 렘노스에 있고, 나는 못 만드는 것이 없다.

♦ 디에고 벨라스케스,
⟨불카누스의 대장간⟩(1630)

카드모스의 아내 하르모니아(Harmonia)를 위해 목걸이도 만들었고

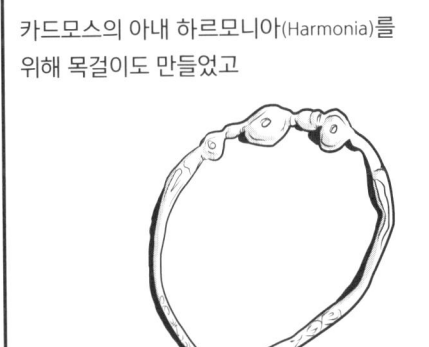

아킬레우스의 무구도 만들었고

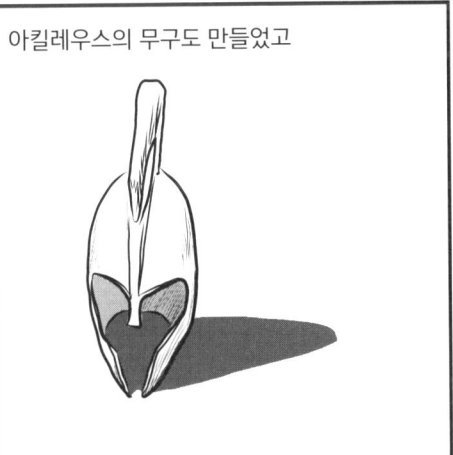

헤라클레스의 가슴받이도 만들었다.

용맹을 의미하는 이 옷은 내가 가져간다~

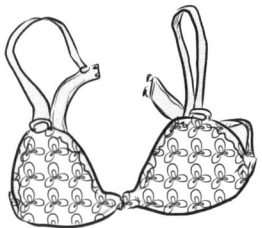

또한 프로메테우스를 결박한 것도 나고

소 떼도 지키고

펠롭스(Pelops)의 죄를 정화해주기도 하고

오이디푸스에게 애비를 죽이라고 저주를 걸었어도 내 사죄해준다

말로는 엄청 중요한 신인데 뭐, 이야깃거리는 별로 없다… 끝.

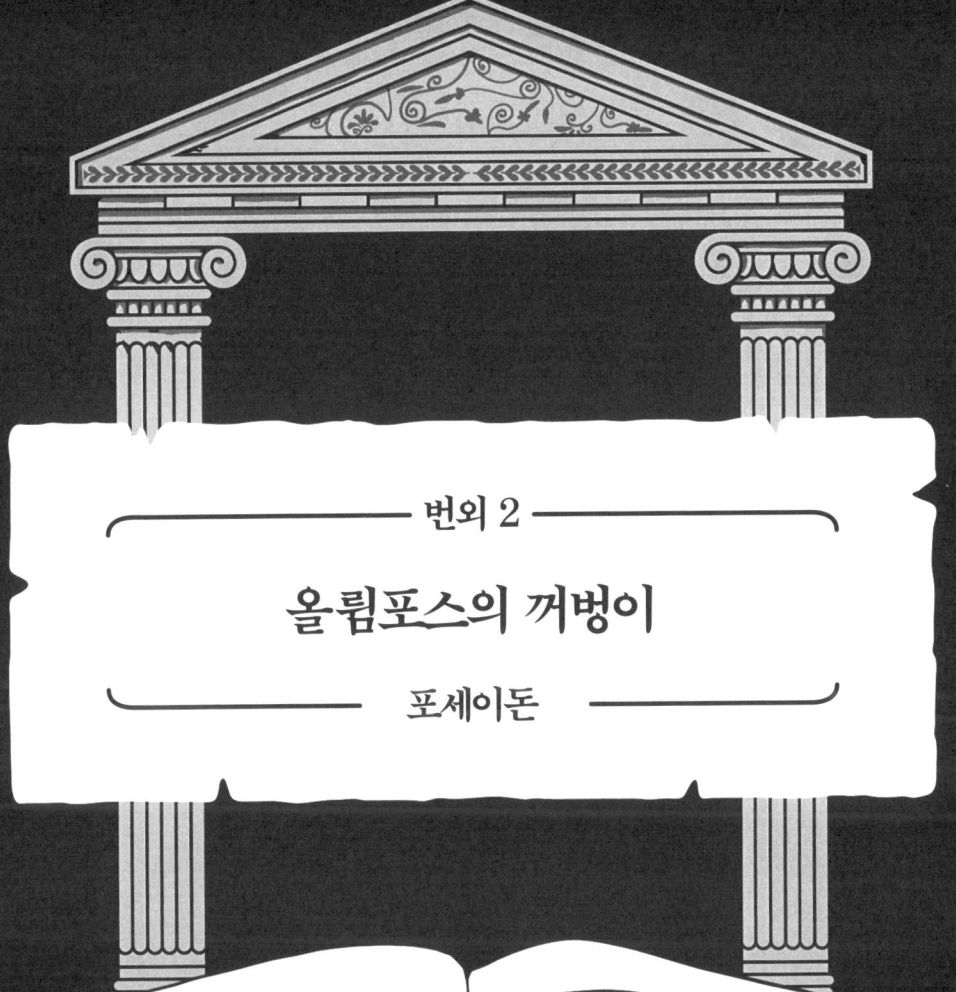

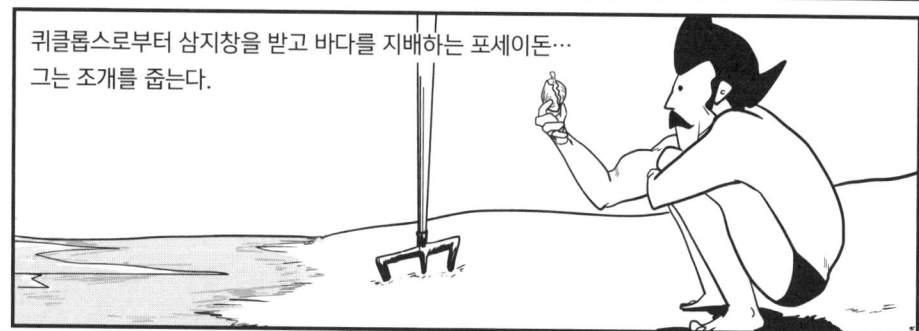

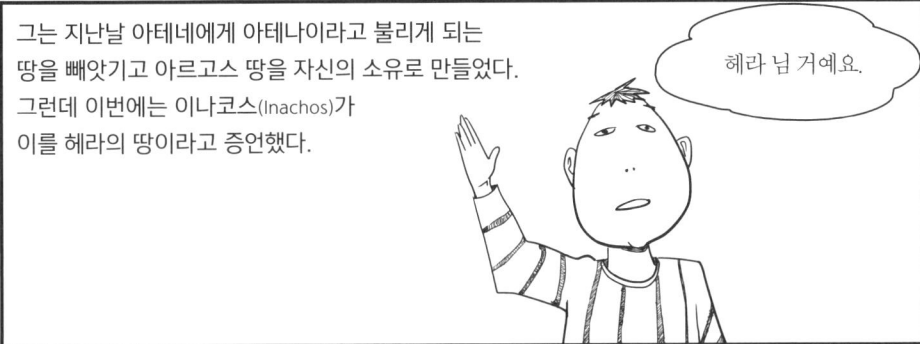

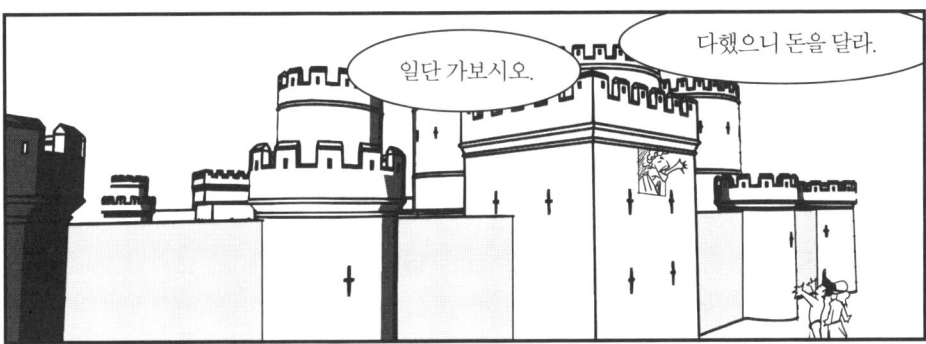

GREEK AND ROMAN MYTHOLOGY

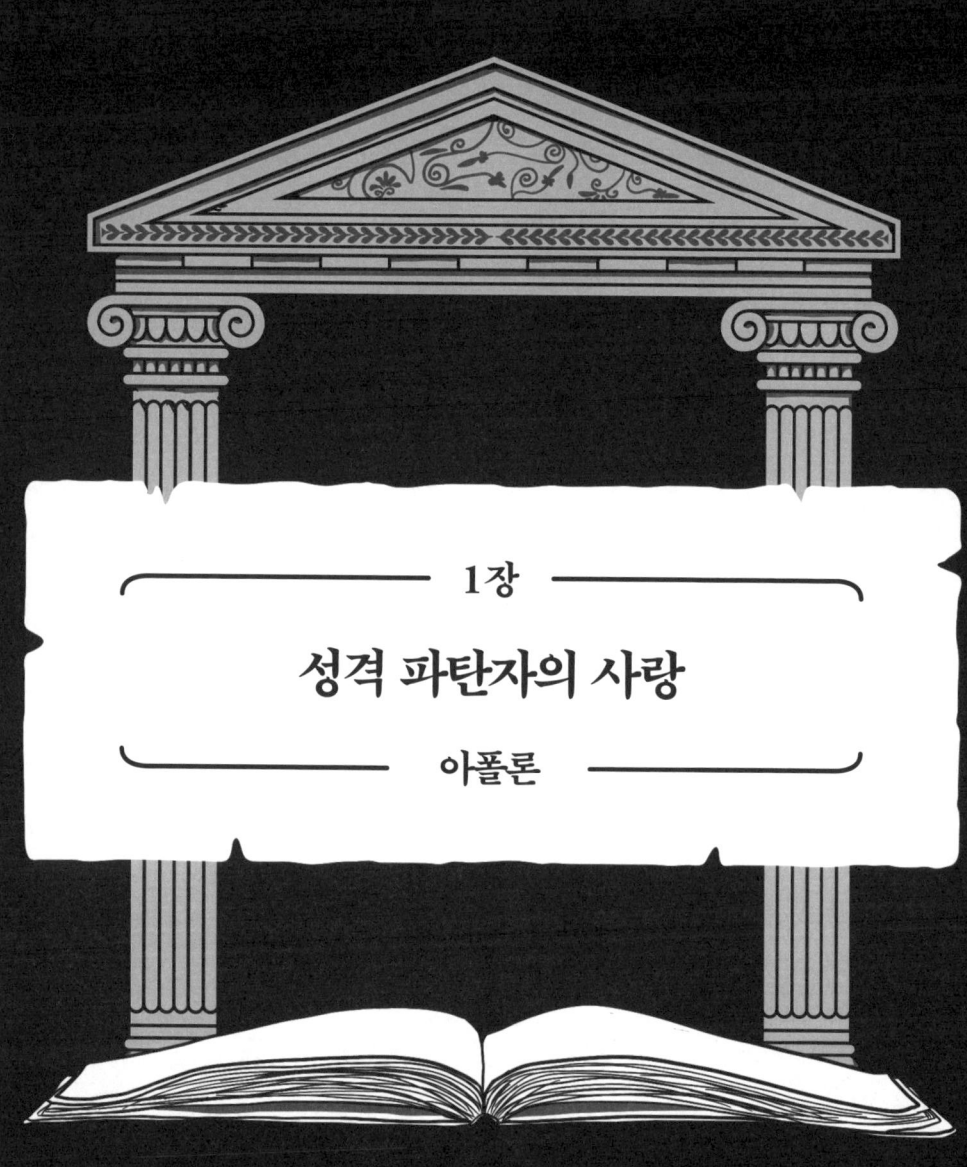

1장
성격 파탄자의 사랑
아폴론

GREEK AND ROMAN
MYTHOLOGY

니체는 예술충동을
크게 아폴론적인 것과
디오뉘소스적인 것으로
구분하였는데

조용하고 조화 있는 미의 황홀한 환상 속에는 고통을 망각케 하는 힘이 있다.
주로 미술, 서사시, 조형 미술의 모체가
바로 아폴론적인 것이다.

궁술과 의술의 신 아폴론.

예언과 음악의 신이자

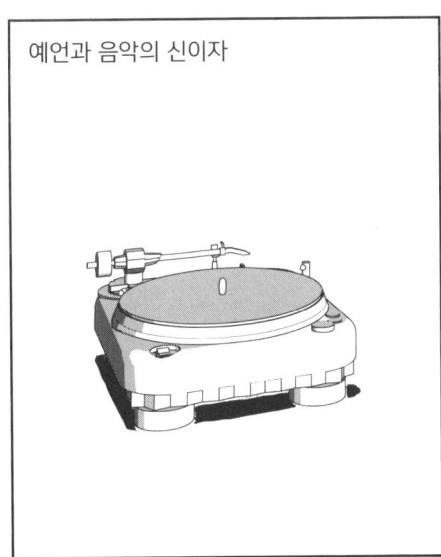

배째라…

그는 태양의 신이기도 하였는데

로마의 아우구스투스는

그 유명한 악티움 전투에서 안토니우스와 클레오파트라를 이기고 권력을 움켜쥔 것이 수호신 아폴론 덕분이라 하여, 팔라티움에 신전도 세웠을 정도였다.

카이사르의 《갈리아 전기》를 보면 갈리아 지방의 드루이드교 사제들은 헤르메스를 가장 높게 여기고, 그 다음으로 아폴론을 신앙했다고 한다. 병을 물리쳐서라고 한다.

태양신 아폴론은 문(文), 무(武), 지(知), 예(藝)를 모두 겸비한 훌륭한 신이 분명하였으며 사냥도 곧잘 하였는가보다.

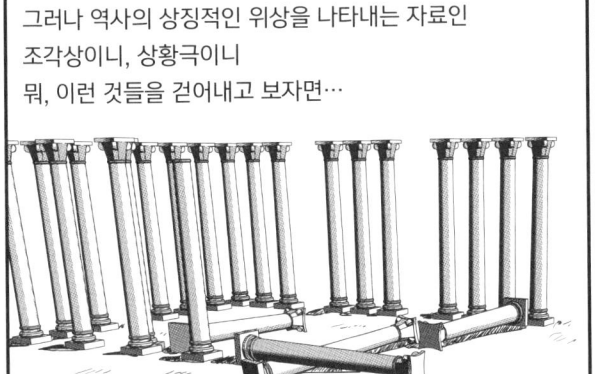

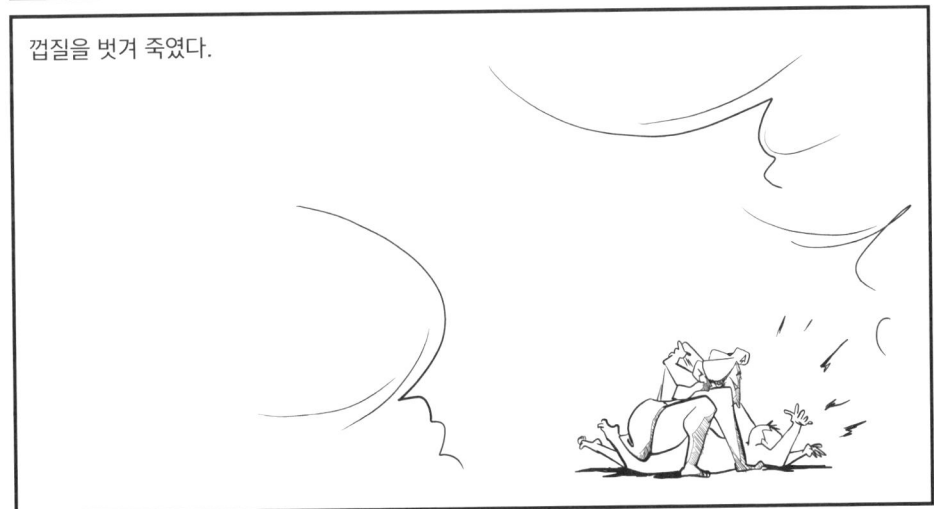

또한 어미의 씁쓸한 한숨에 니오베의 자식들을
모조리 죽인 것을 보면(1부 14장 참고)
그 성정이 매우 잔인해 보이는데,

하지만 그 위엄한 신성의 이면에는 잔인함 외에도 황당한 우유부단함이 공존한다.

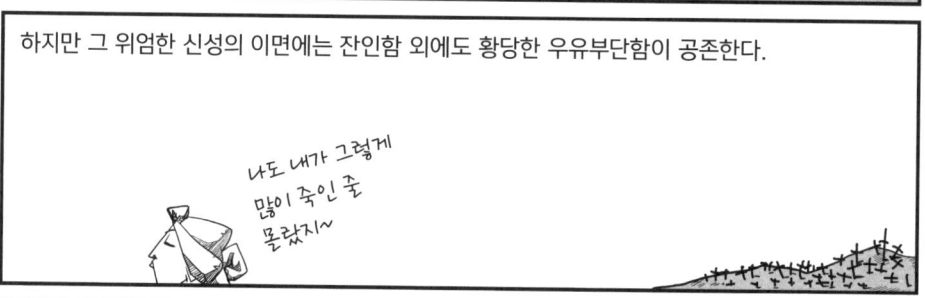

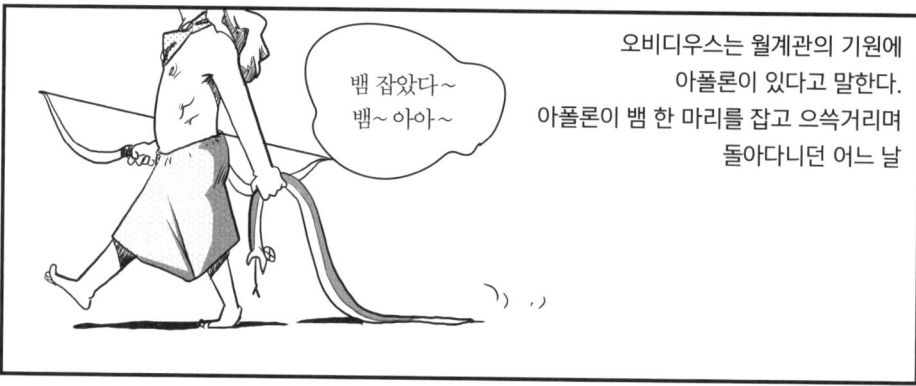

오비디우스는 월계관의 기원에
아폴론이 있다고 말한다.
아폴론이 뱀 한 마리를 잡고 으쓱거리며
돌아다니던 어느 날

에로스(Eros)라 불리는 꼬마 신이
자신의 무기인 화살을 점검하고 있었는데

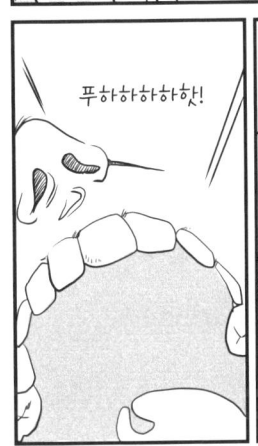

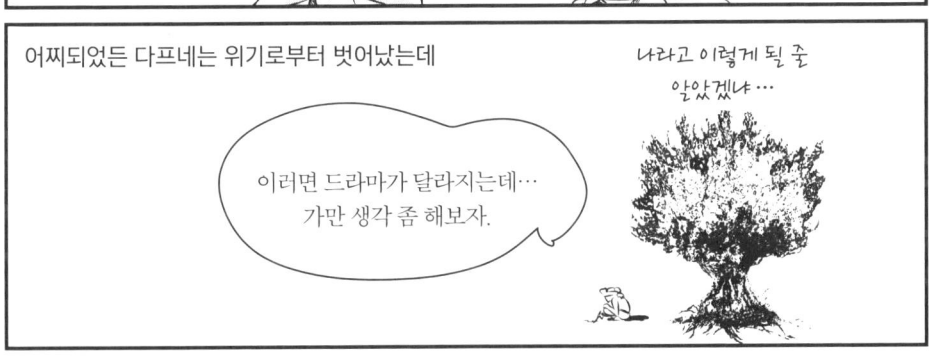

어디 그것뿐이랴.
트로이 전쟁의 영웅 파리스(Paris) 왕자의 여동생
캇산드라(Kassandra)에게 반한 아폴론.

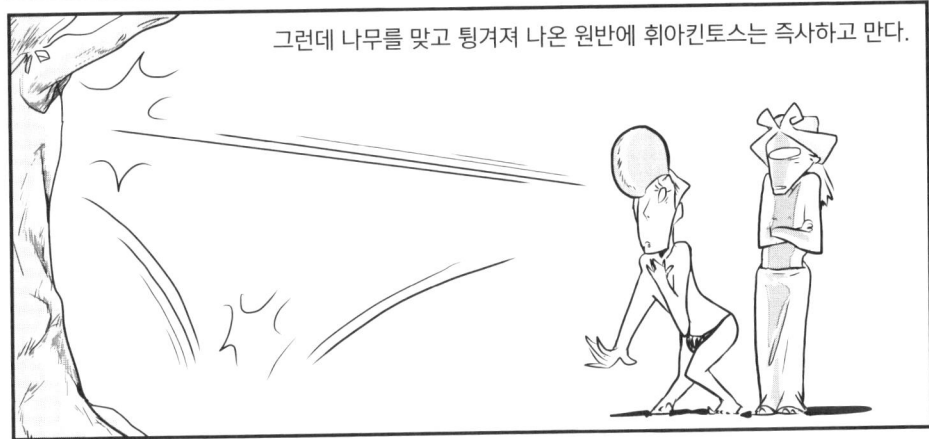

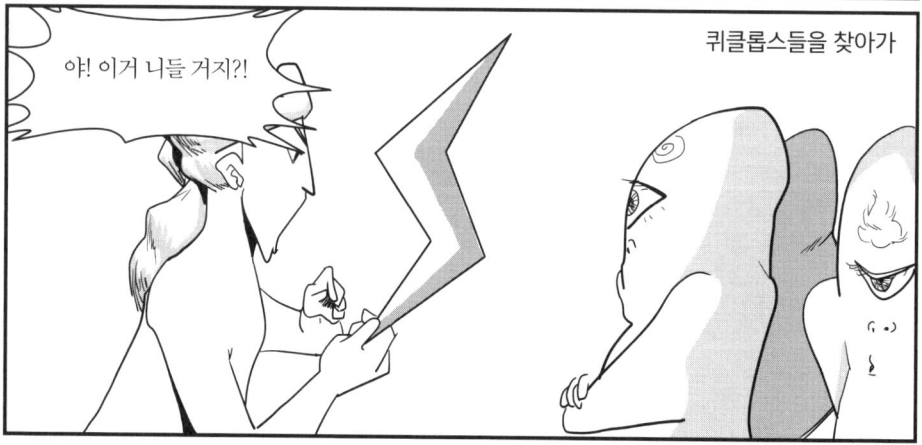

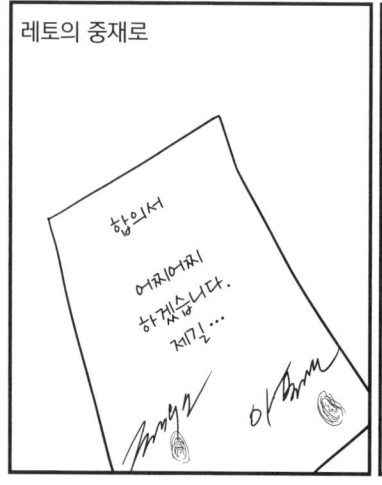

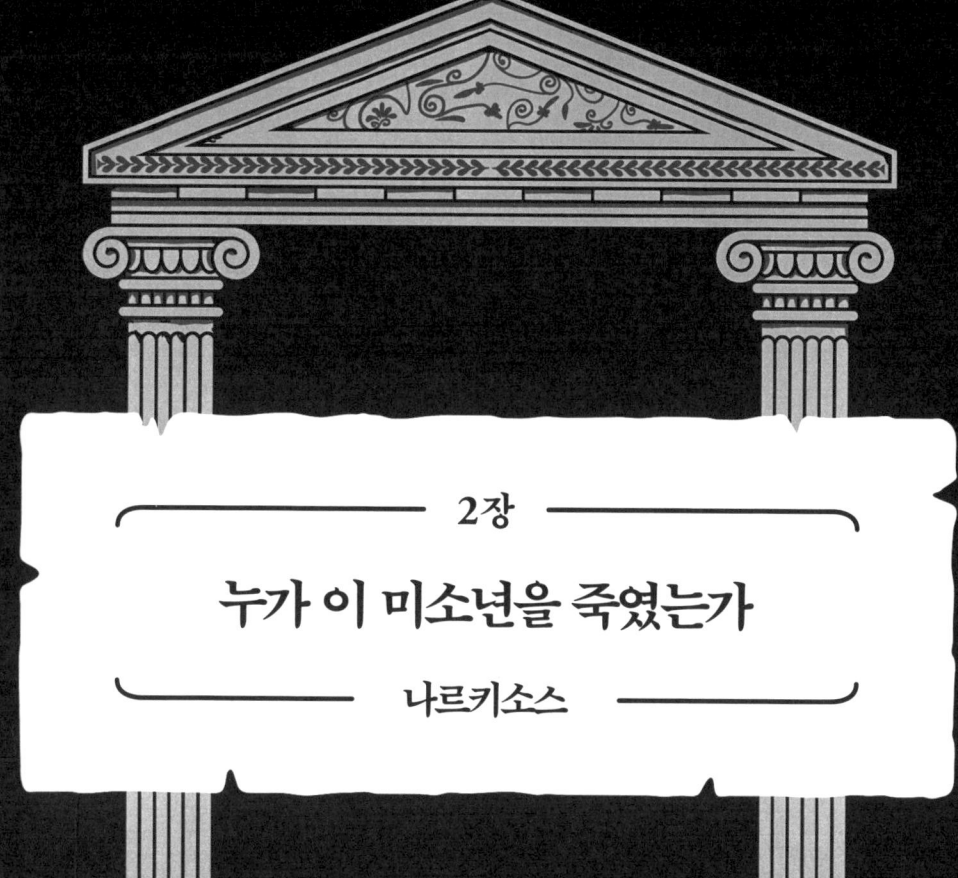

2장

누가 이 미소년을 죽였는가

나르키소스

GREEK AND ROMAN
MYTHOLOGY

3장

나불거리는 입을 싫어하는 신

아테네

GREEK AND ROMAN
MYTHOLOGY

아테네가 에릭토니오스를 모른 척 내버려두질 않고,
남들 몰래 불사의 존재로 만들어주고 싶었던 게지.

이것도 새끼라고… 에휴…

넌 나중에 훌륭한 왕이 될 거다.

그래서 걔를 버들로 짠 고리짝에 넣어서

케크롭스(Kekrops) 왕의 세 딸에게 맡겼어.

일단 잘 보관하고 있거라.

옛소 보관증

케크롭스 왕이라면 뱀인지 인간인지 모를?

응. 아폴로도로스 말에 의하면 그렇대.

이건 또 뭔 캐릭터냐…

케크롭스가 자기 이름을 딴 케클로피라는 땅을 다스릴 때, 신들끼리 이 나라에서 경배를 더 많이 받으려고 땅따먹기 경쟁을 벌였는데

그곳으로 포세이돈이 와서 이상한 샘 하나 만들어놓고선 자기가 먼저 선점했다고 주장하는 거야.

너무 훌륭하잖나!

핫핫핫 내 땅이라~

하지만 아테네는 올리브나무를 심어두고 케크롭스를 증인으로 삼은 거야.

잘 봐둬야 한다. 여긴 내 땅이다.

나무를 심자~ 푸르게~

어느 날 두 신이 이 땅이 서로 자기 거라고 우기는데 포세이돈의 주장을 입증해줄 증인이 없었지.

나는 증인도 증거도 있다

내가 먼저 왔는데…

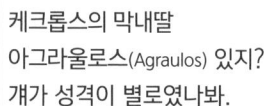

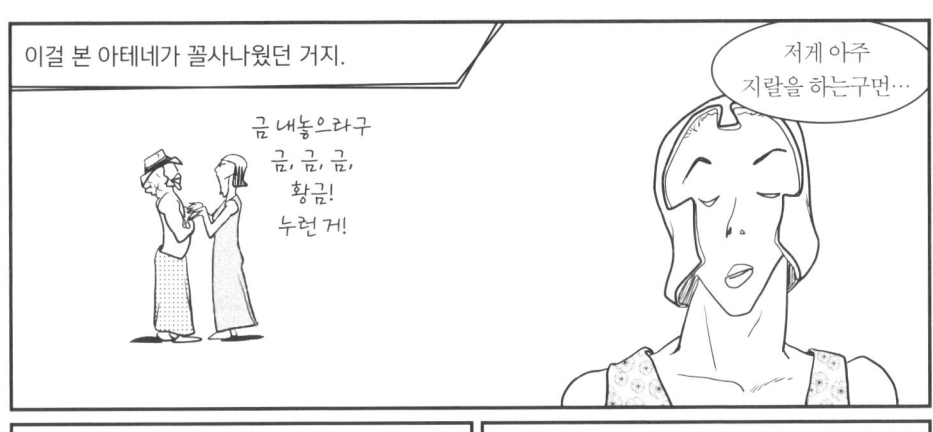

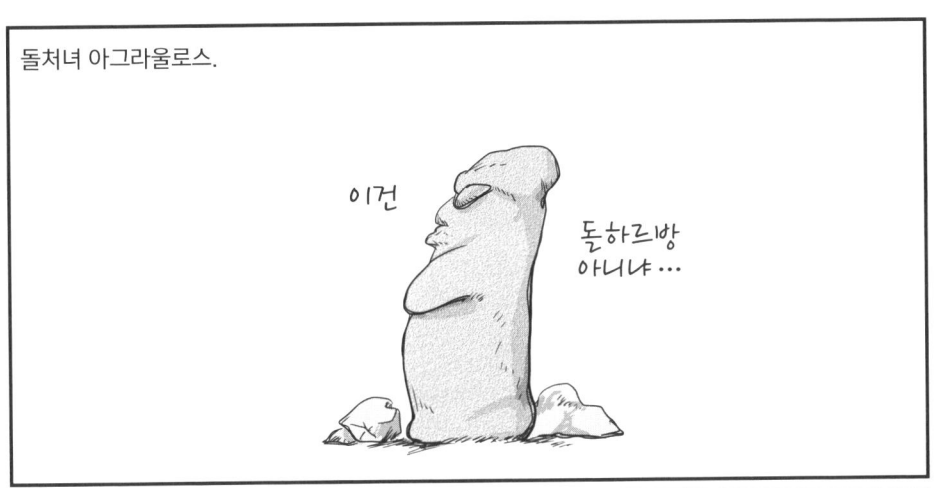

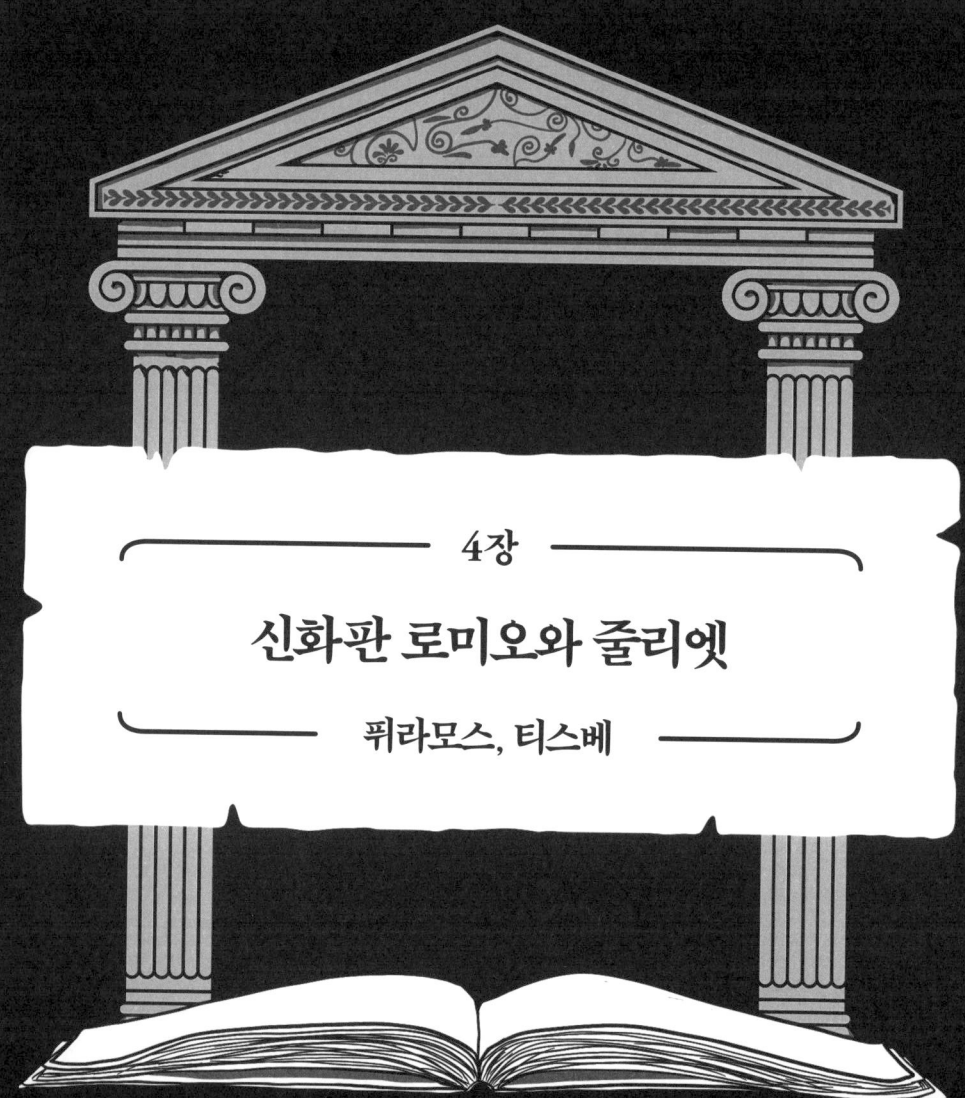

4장
신화판 로미오와 줄리엣
퓌라모스, 티스베

윌리엄 셰익스피어의 《로미오와 줄리엣》.

그런데 로미오에게 친구가 없었다고 가정해보자.

돈 나오면 100원에 10대다

줄리엣에게도 패리스 백작이나, 사촌 오빠 따위도 없었다고 하자.

탯!

이 둘은 그냥 서로 사랑하는 사이였고, 그저 부모의 반대만 있었을 뿐이다.

우리가 왜 서로 싫어하는지는 모르겠지만!

이 결혼은 반대다!

4장 신화판 로미오와 줄리엣: 퓌라모스, 티스베

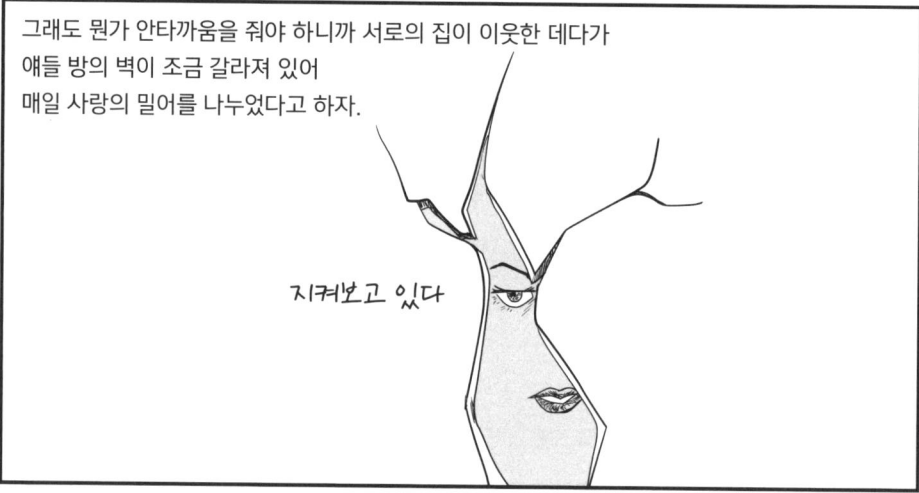

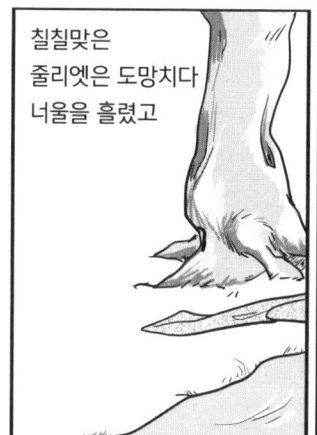
칠칠맞은 줄리엣은 도망치다 너울을 흘렸고

바닥에 떨어진 뽕나무 열매 오디를 주둥이로 질퍽거리며 사자는 태연히 물을 먹었다.

그 와중에 걸리적거리는 너울을

성질 더러운 사자는 찢어버렸다. 빨간 오디 물을 묻히며…

그 사이에 칠칠맞은 줄리엣은 근처 동굴로 피했고

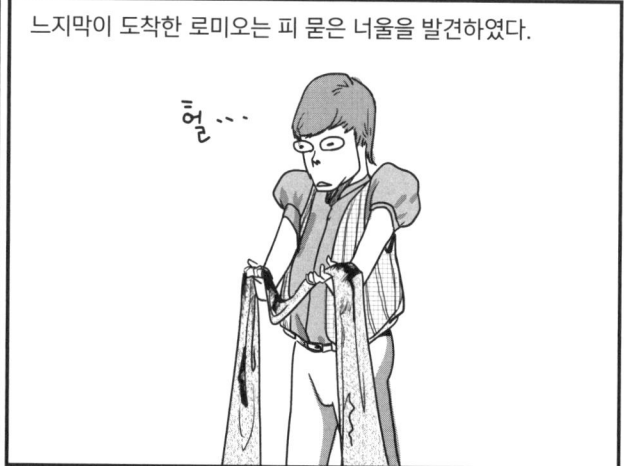
느지막이 도착한 로미오는 피 묻은 너울을 발견하였다.

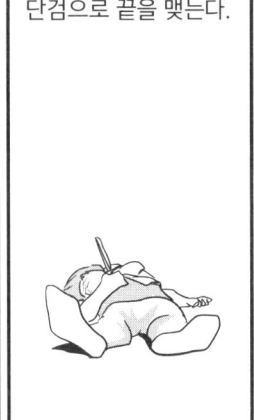

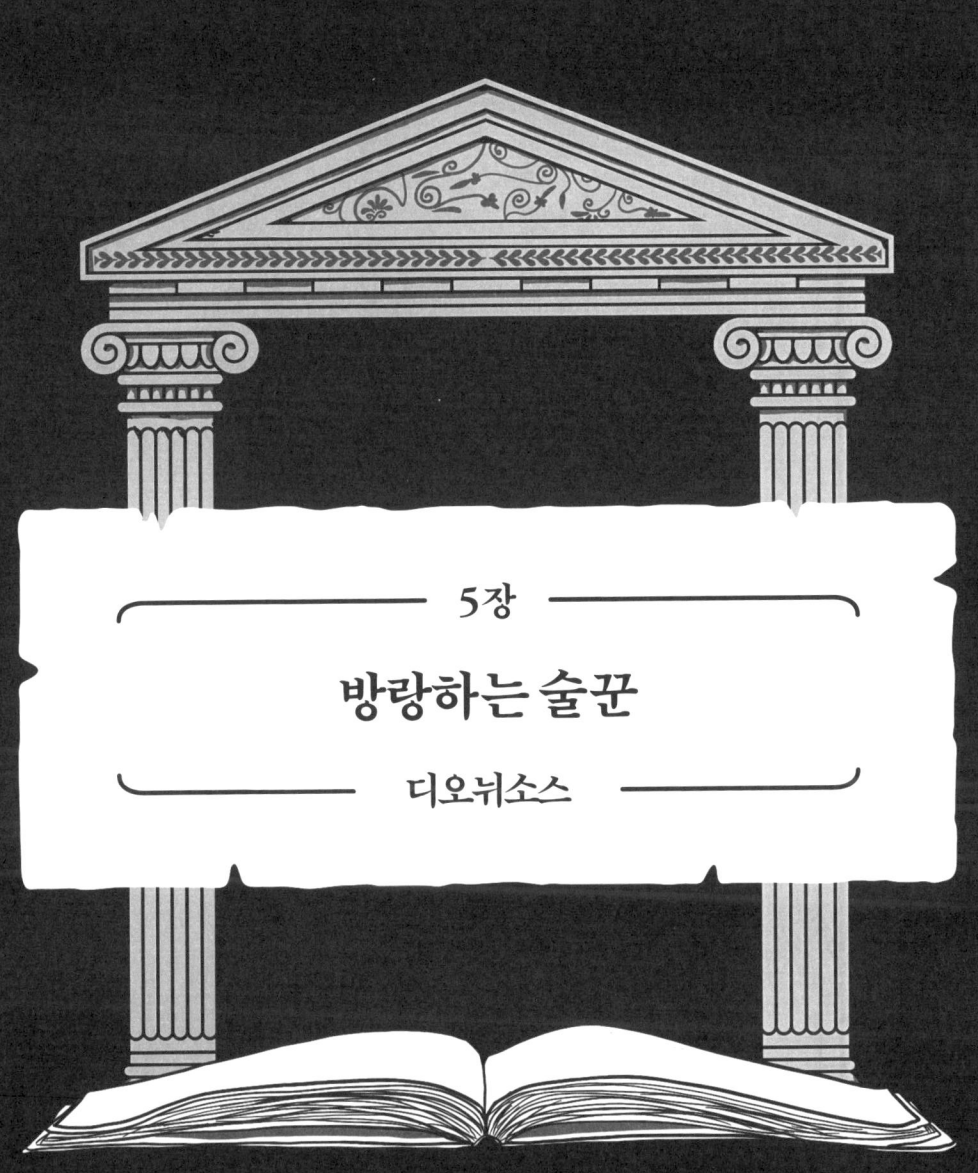

5장
방랑하는 술꾼
디오뉘소스

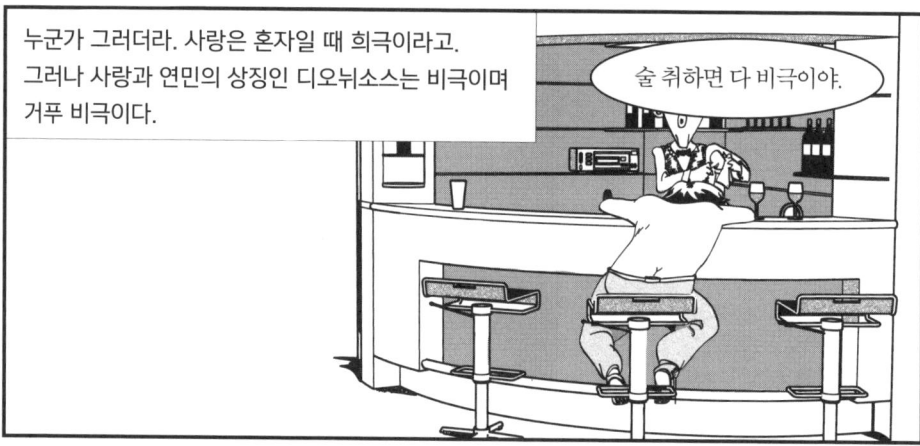

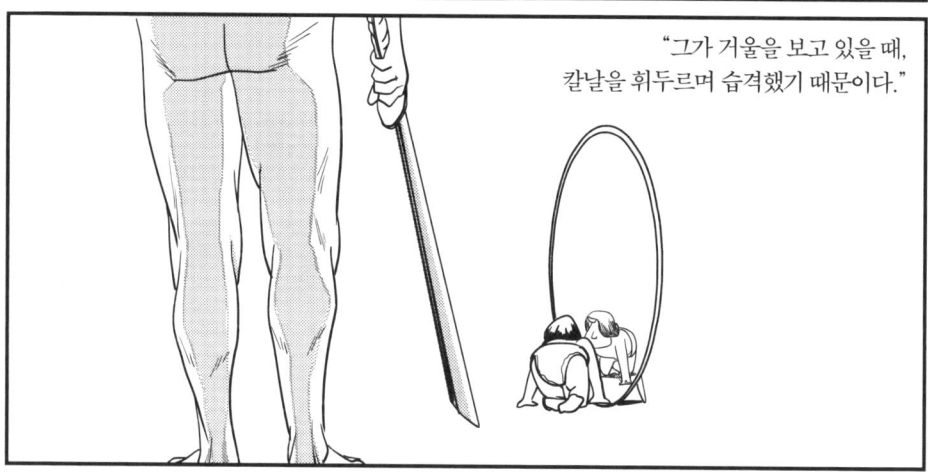

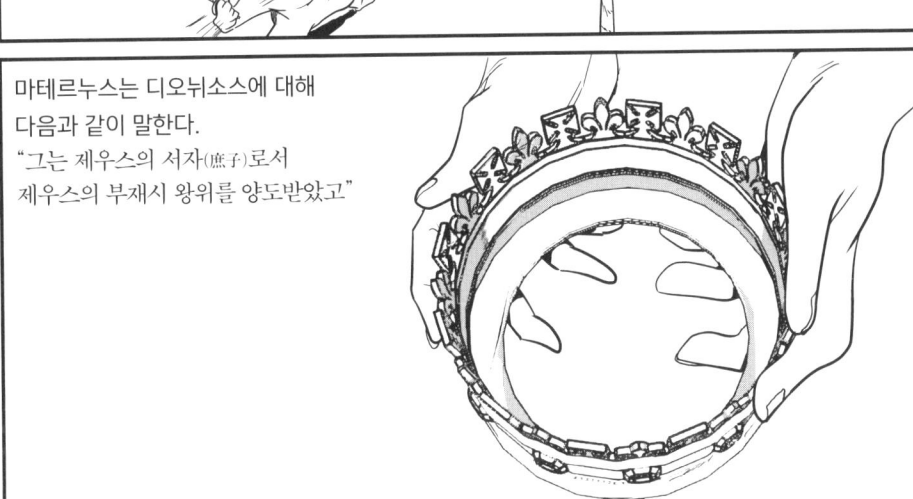

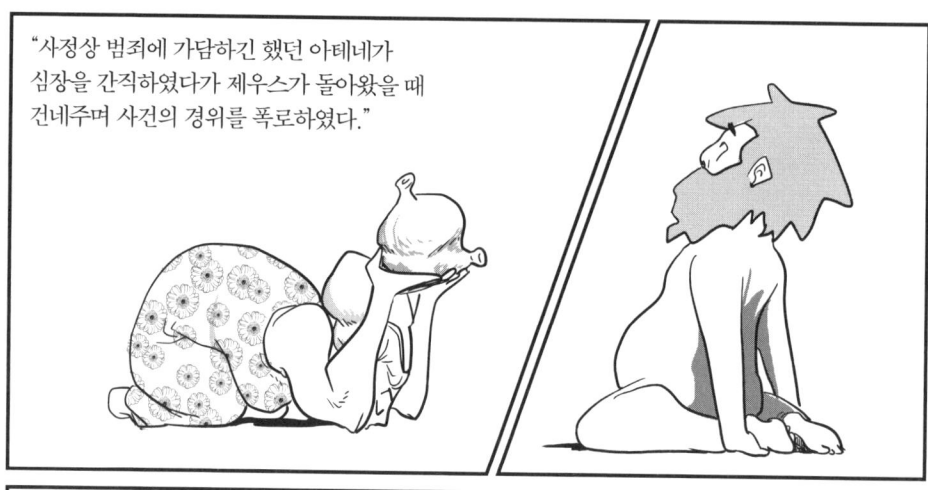

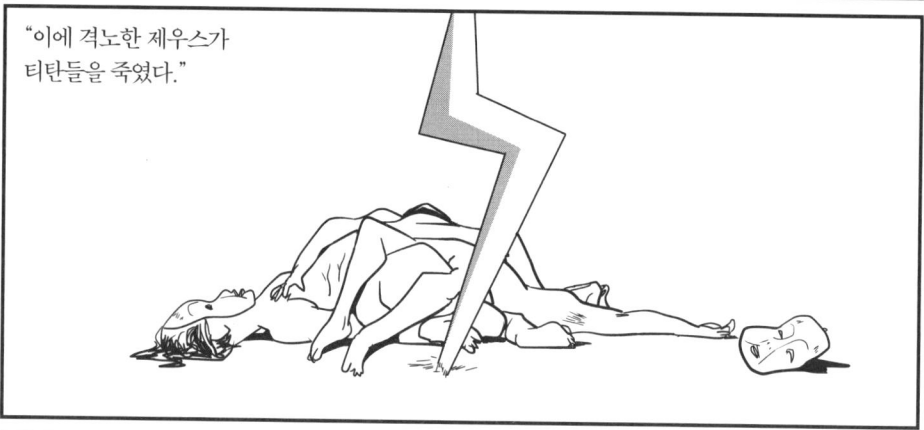

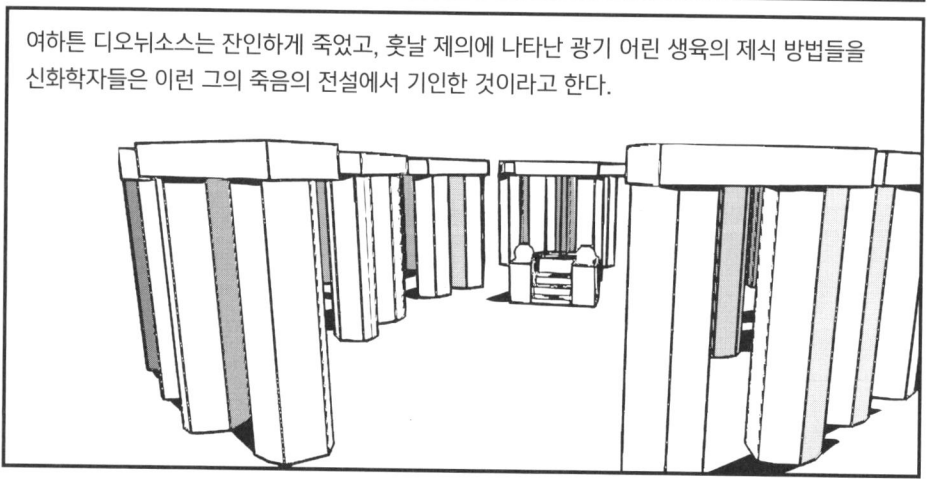

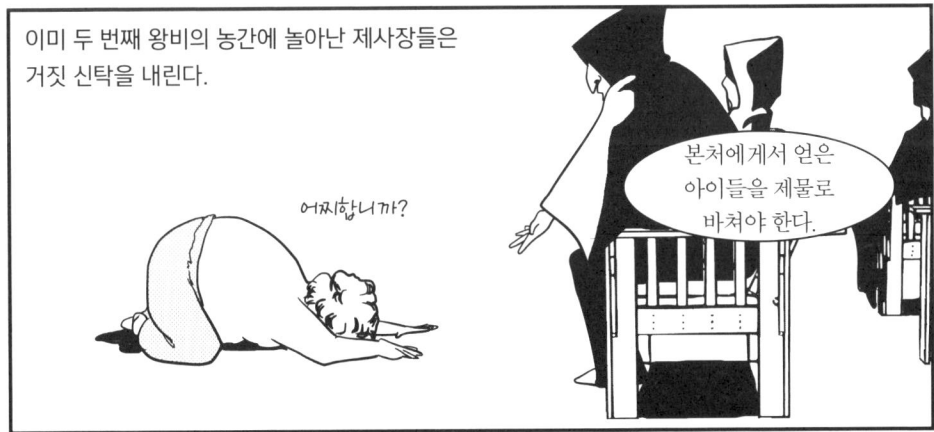

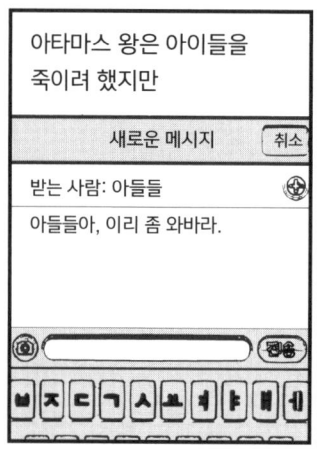

두 이야기 다 이노의 죽음은 같지만 어느 한쪽은 존경이 가는 모습이고, 다른 한쪽은 질투와 모략으로 부정적인 모습이다.

다시 이노 슬하에서 자란 디오뉘소스로 돌아가자면

제우스가 새끼염소로 둔갑시켜

헤라의 노여움으로부터 도망치게 하였고

이후 노숙과 방랑은 끝이 없었다.

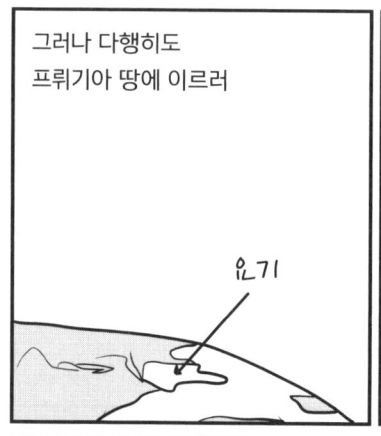

크레타 섬에서는 2년에 한 번씩 제의를 통해 디오뉘소스가 마지막 순간에 겪은 고통이 눈앞에서 재연되었는데

숭배자들은 이빨로 살아 있는 황소를 물어뜯고 소리를 지르며 숲을 배회하는가 하면

보이오티아에서는 어린아이를 재물로 삼았다가 후일 염소로 대체하였다는 이야기도 있다.

하여간 그 오빠부대들은

전국 방방곡곡 인산인해로 번져나갔다.

이런 교도들을 몰고 다니는 교주는 어느 국가의 왕도 반가울 리가 없다.

트라케의 카드모스 왕의 외손자로 두 번째 왕위를 이어가는 펜테우스(Pentheus)는 영 마뜩잖다.

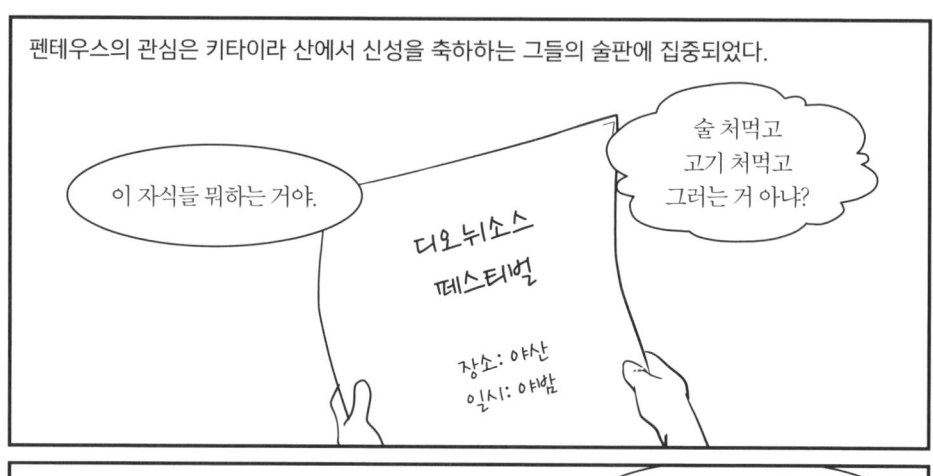

하늘과 땅을 울리는 신도들의 노래와 고함 소리는 펜테우스의 심기를 불편하게 했다.

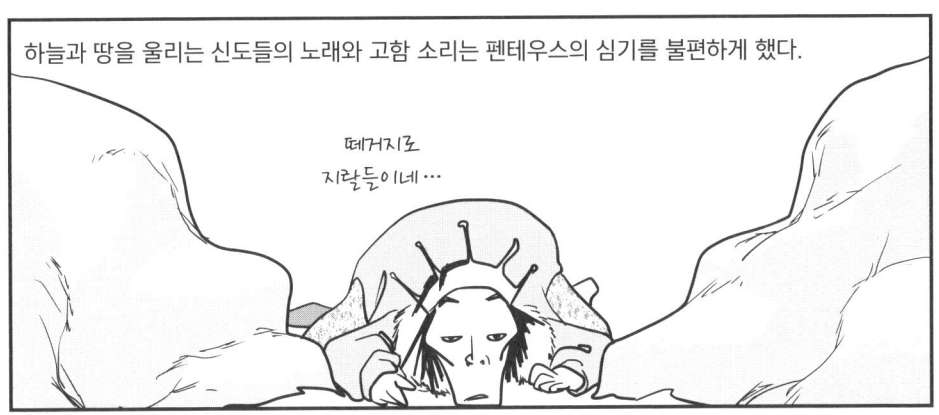

그러나 칠칠맞게도 펜테우스는 들켰다.

그것도 제 어미한테.

거기다가 축제 중인지라 과음인지, 접신의 광기인지 모를 실성한 상태의 어미에게.

디오뉘소스의 신도들에게 팔다리가 찢겨 죽었다.

이종사촌이 죽든지 말든지 디오뉘소스는 낙소스 섬으로 향했다.

어디서는 얻어 탔다고 하고, 어디서는 전세를 냈다고 하지만

여하튼 배를 타고 갔다.

6장

뱀의 이빨로 테바이를 세우다

카드모스

GREEK AND ROMAN
MYTHOLOGY

펠라스고이라는 종족이 있다.
아직까지도 많은 논쟁이 있지만
편의상 그리스 토착민쯤으로 하자.

그리스인 조르바

《블랙 아테나》의 저자 마틴 버낼에 의하면 헤로도토스의 글 가운데 재미난 부분이 있다.

"카드모스와 함께 온 페니키아인은 (…) 수많은 문물을 그리스에 도입했는데"

"그 가운데 내 생각에 가장 중요한 것은 그 당시까지 그리스인들이 모르던 글쓰기였다."

나랏 말싸미
듕귁에
달아…

신들에게 감사를 드리며
근처 숲으로 정화수를 뜨러 갔는데

숲에는 물도 있을 거다!

와아

이야, 저기 뜬금없는 숲이 있다.

카드모스는 남았고

난 좀 쉬어도 돼…

와아~

물놀이 가자.

숲속 동굴 앞 샘에서 물을 긷던 일행을

왕뱀이 독을 품고 기다렸다가

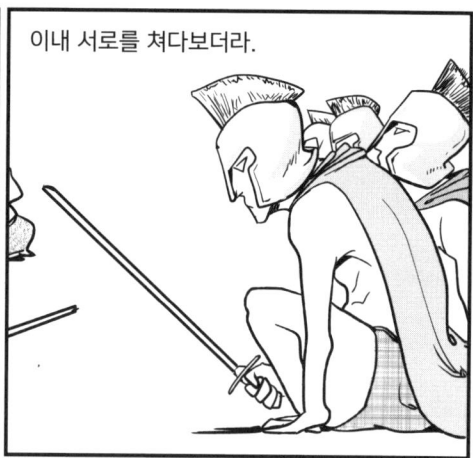

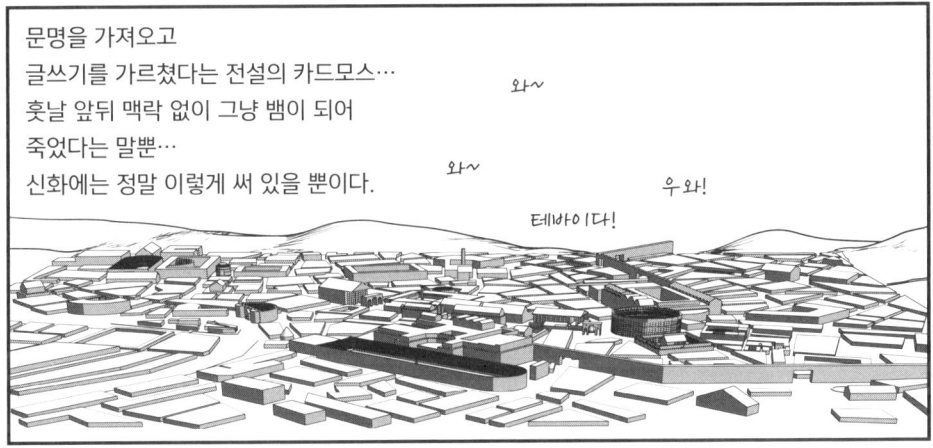

7장

메두사의 머리를 취한 영웅

페르세우스

GREEK AND ROMAN
MYTHOLOGY

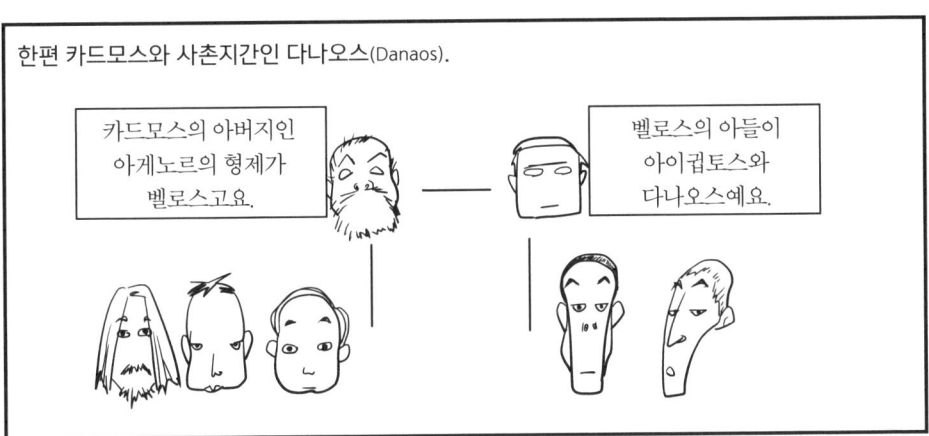

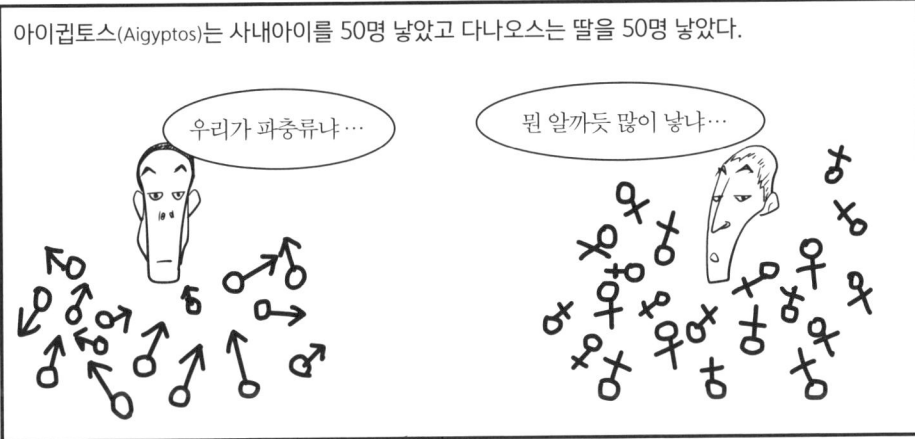

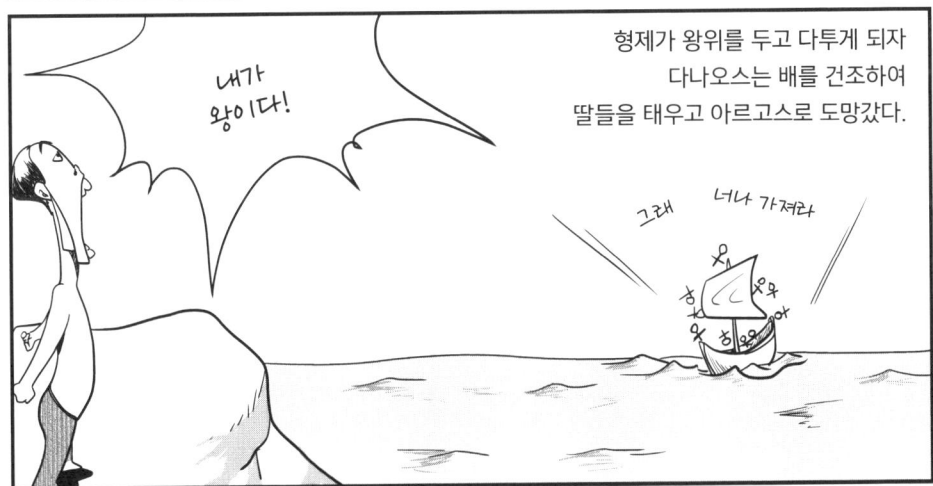

이곳에는 겔라노르(Gelanor)가 왕이었는데, 다나오스에게 왕위를 넘겨주었다고 한다.

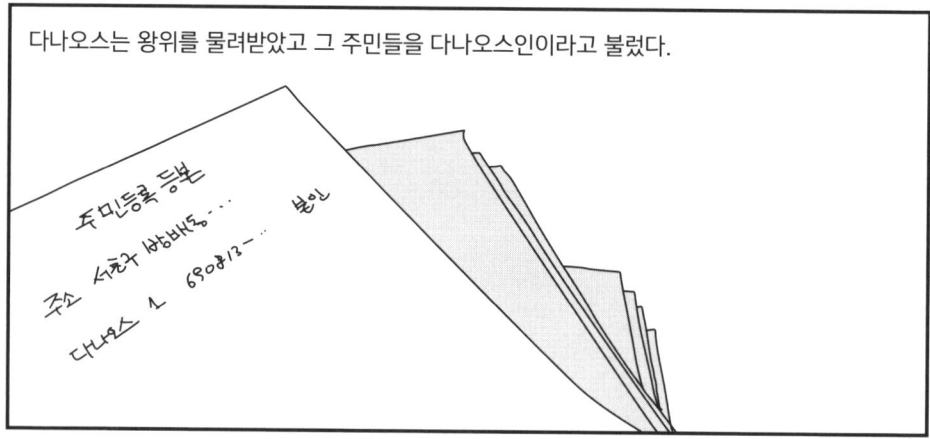

다나오스는 왕위를 물려받았고 그 주민들을 다나오스인이라고 불렀다.

다나오스의 세력이 커져서인가?
아이귑토스의 자식들은 아르고스로 가서 다나오스에게 화평을 도모하였다.

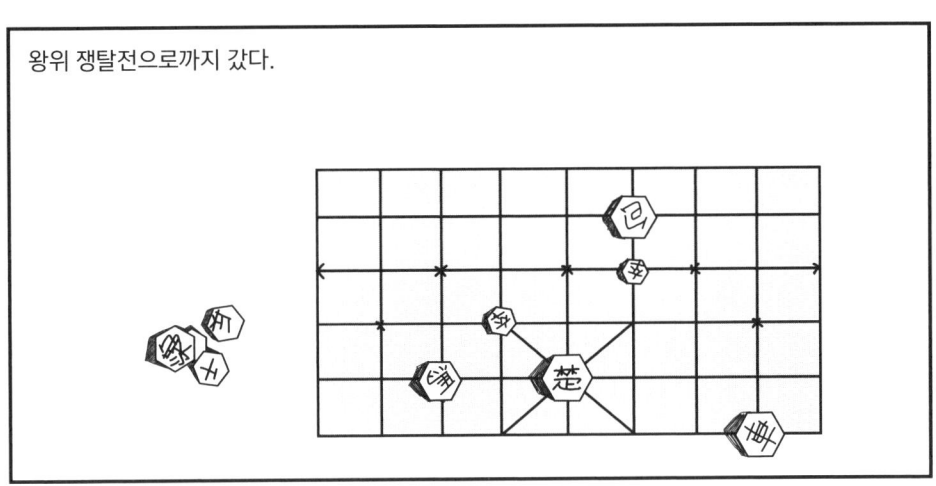

왕위 쟁탈전으로까지 갔다.

거봐, 내가 왕이라니까.

아크리시오스(Akrisios)가 이겨 프로이토스(Proitos)를 쫓아냈다.

에이 씨…

종전 후 아크리시오스는 에우리뒤케와의 사이에서 딸 다나에를 낳았다.

툇

잘 사나 두고 보자

7장 메두사의 머리를 취한 영웅: 페르세우스

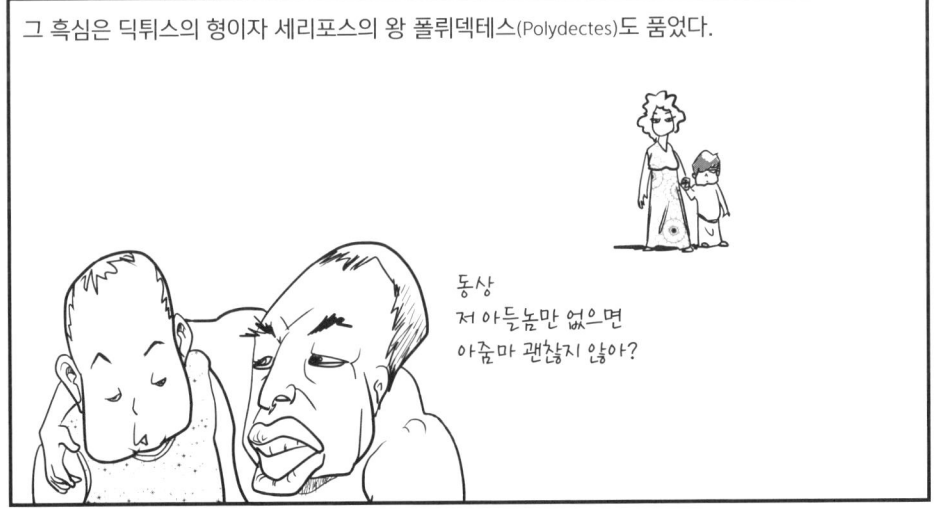

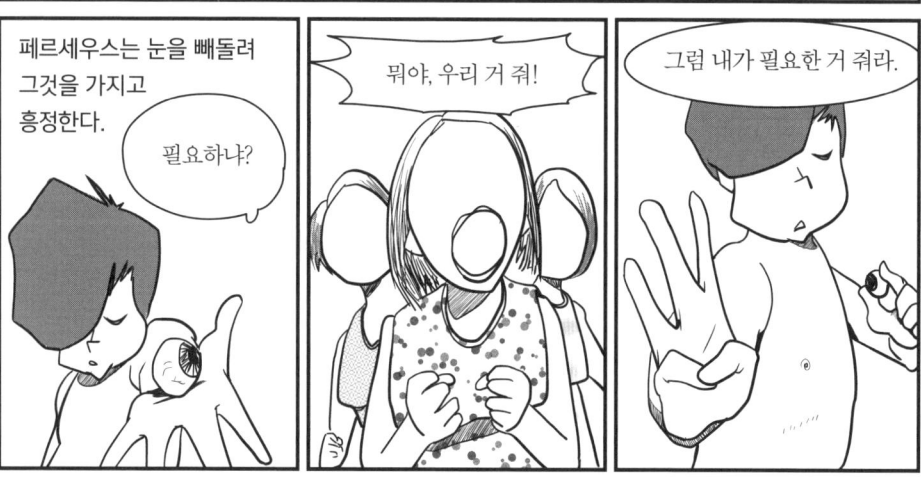

7장 메두사의 머리를 취한 영웅: 페르세우스

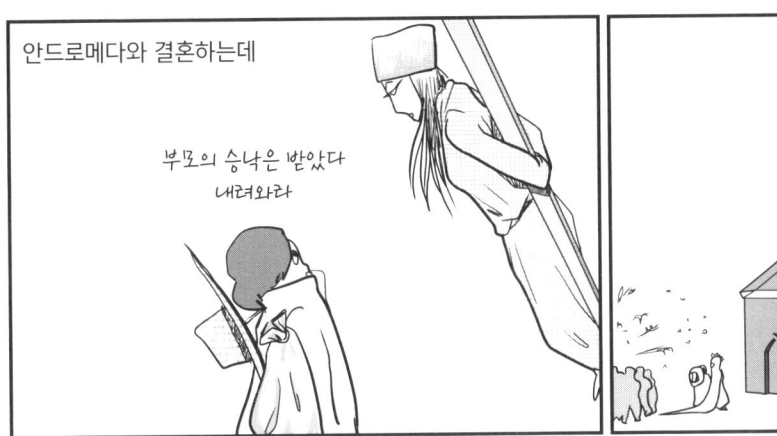

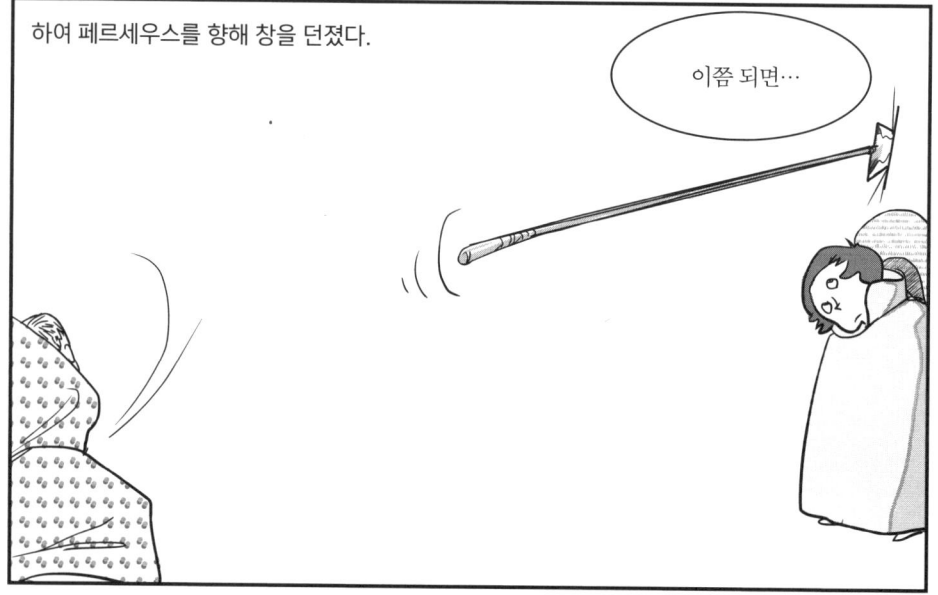

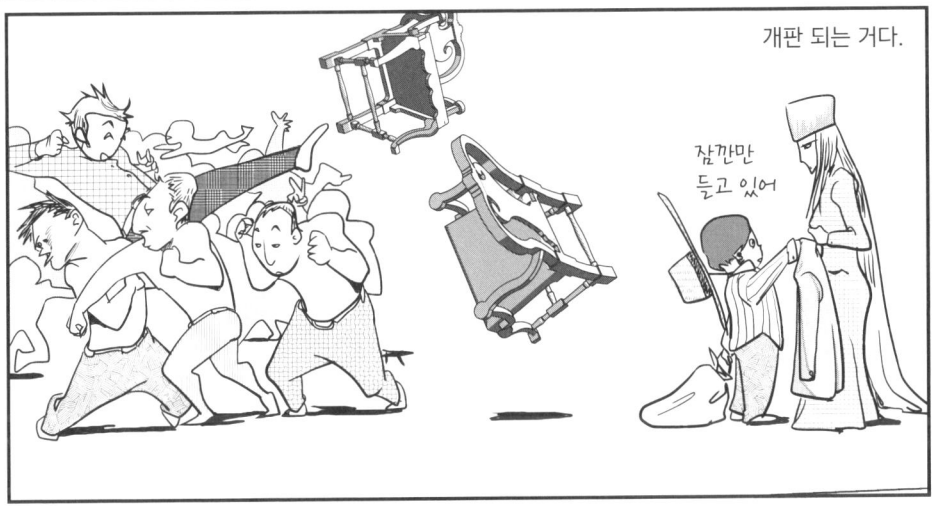

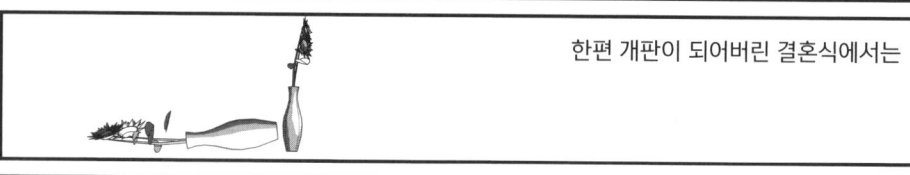

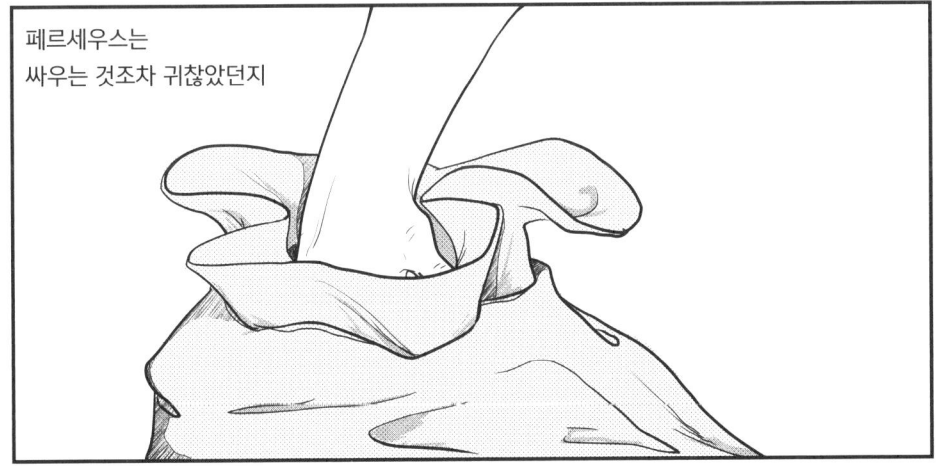

페르세우스는 약속을 지켜

키비시스와 샌들, 모자는 헤르메스에게

메두사의 머리는 기념으로 아테네에게 바쳤다.

이어서 모든 영웅들이 그러하듯 자신과 어미를 버린 할아버지 아크리시오스를 만나러 떠난다.

할아버지 국가

하지만 아크리시오스는 이 사실을 알고 이웃 국가로 이미 도망친 후였다.

이웃 국가

하필이면 이웃 나라는 때마침 5종 스포츠 경기를 개최한 모양인데, 또 하필이면 페르세우스가 지나가는 길이었다.

허허, 지나는 길에 상금이나 걷어 갈까~

와 와 우와

7장 메두사의 머리를 취한 영웅: 페르세우스

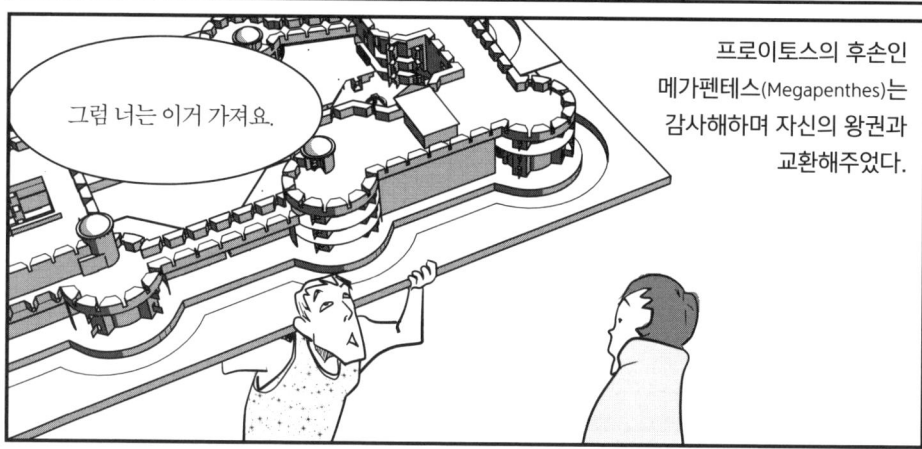

8장

피도 눈물도 없는 잔인한 사랑

메데이아

싸잡아 후려쳐서 다른 쪽 이야기를 하자면…

프로메테우스의 아들 데우칼리온(Deukalion)은

큰아버지 부부 에피메테우스와 판도라 사이에서 나온 딸 퓌르라(Pyrrha)와 결혼하여

노아의 방주처럼

커다란 홍수로 휩쓸린 뒤의 새로운 세상에서 새로운 인류를 만들었고

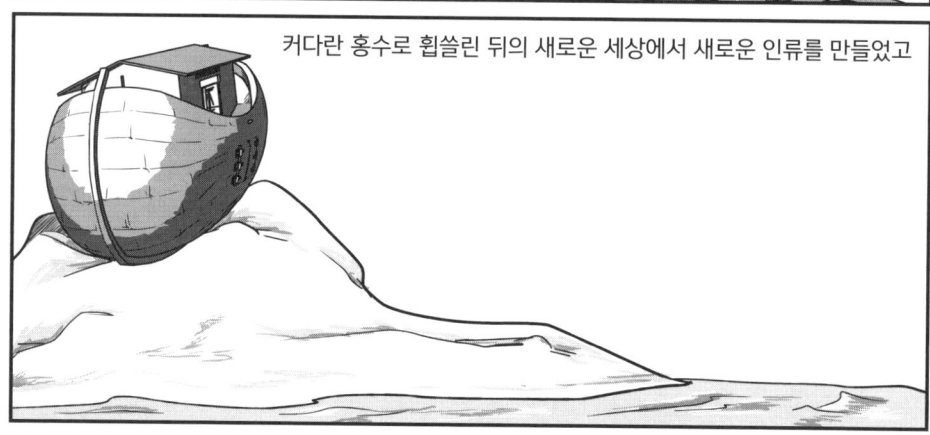

이 튀로라는 여자는 이전에 포세이돈과의 사이에서 펠리아스(Pelias)를 낳았다.

왕이 된 펠리아스는 아폴론 신전에 물었다.

알쏭달쏭한 신탁에 펠리아스는 여하튼 감사하며 아폴론에게 제사를 올린다.

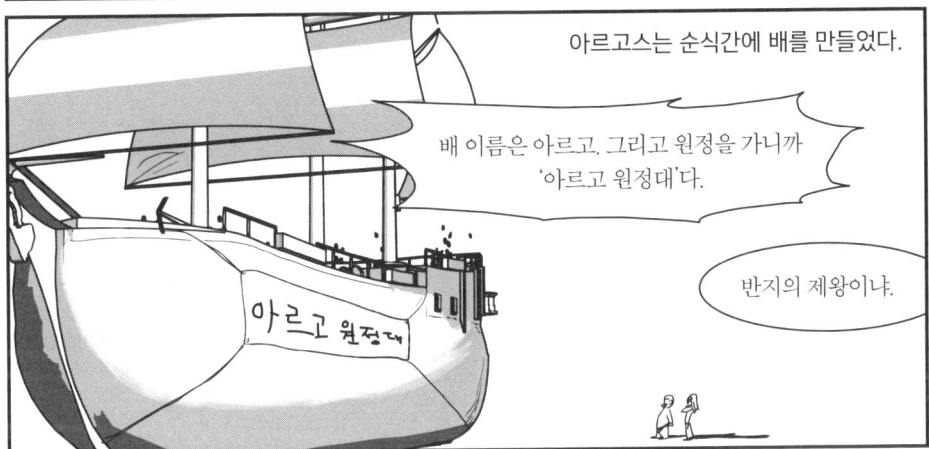

우리는 모험대

베브리케스 족의 나라를 경유하는데

신나는 여행길

이곳 아뮈코스(Amykos) 왕은 복싱 광팬이었다. 원정대원 중에서 폴뤼데우케스(Polydeukes)라는 놈이랑 붙었는데

우리 친선경기로 한판 붙읍시다.

그럽시다.

팔꿈치로 아뮈코스 왕을 가격해 죽였다.

권투였나? 무에타이 아니었어?

오비디우스에 의하면 둘이 잘 도망갔다고 하고, 아폴로도로스에 의하면 메데이아가 작당하여 오라비까지 데리고 가다가 아버지가 쫓아오자 오라비를 토막낸 뒤 바다에 던져서 추적자들이 시신을 수습하는 동안 도망갔다고 한다.

우여곡절 끝에 아르고 원정대는 귀향길에 올랐고

야호~ 우리는 원정대

신난다~ 마셔라~

집으로 돌아가는 길~

가는 길 역시 순탄치는 않았다. 노래로 배를 유혹해 난파시키는 세이렌(Seiren) 자매들이 그들의 귀향길을 방해했지만, 우리의 가수 오르페우스가 맞서 이겼고

가지 마오 가지마 얘~

오예~ 컴 온! 아이~ 오우~

아이~ 오우~

늙은 노인의 몸을 불로 세 번, 물로 세 번, 유황으로 세 번 닦았다.

그리고 노인의 목을 해하여 늙은 피를 모두 뽑아내고 그 자리에 달인 약초물을 넣었다.

그러자 노인은 딱 40년 회춘하였다.

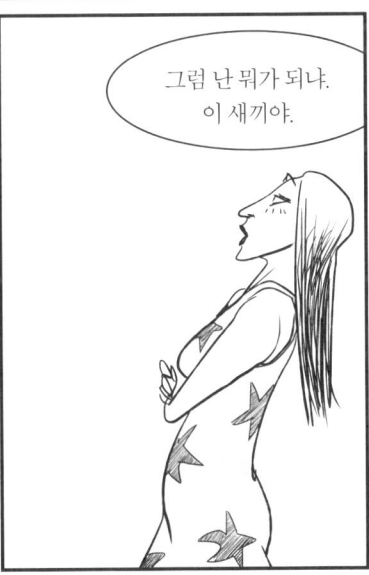

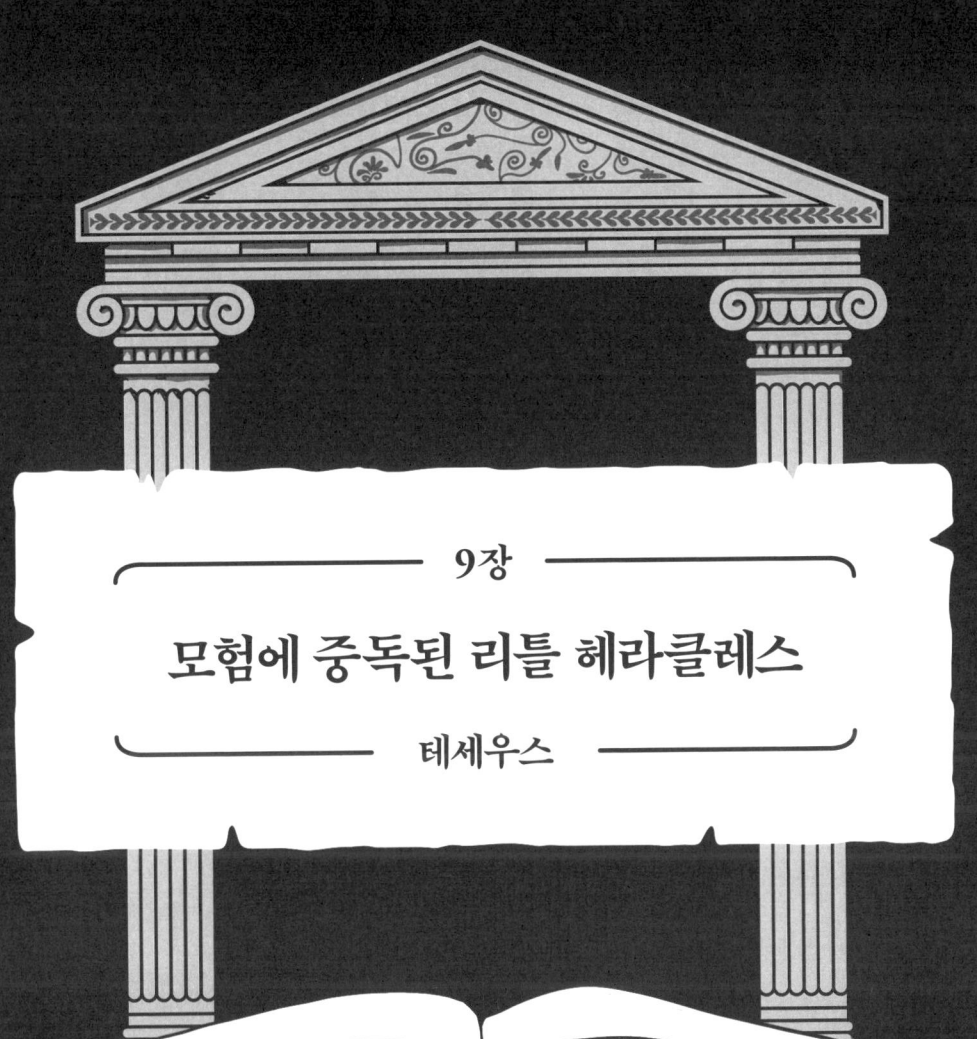

9장
모험에 중독된 리틀 헤라클레스
테세우스

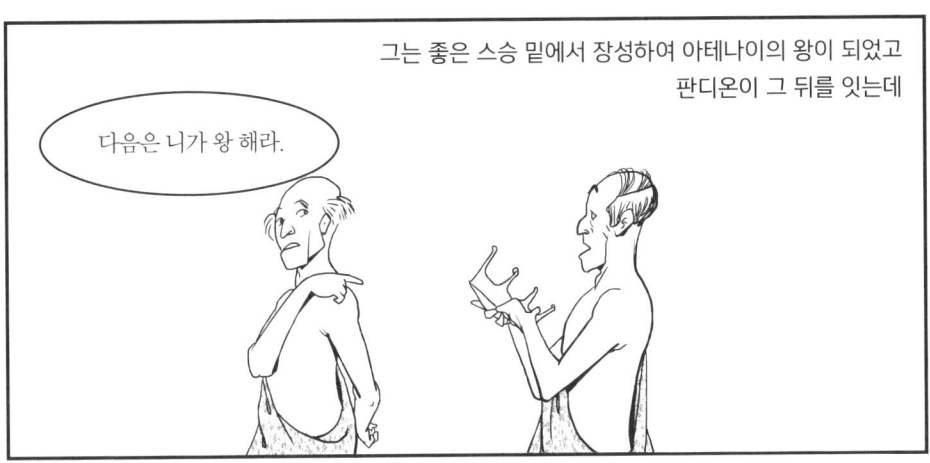

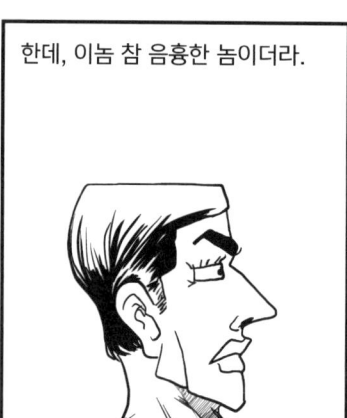

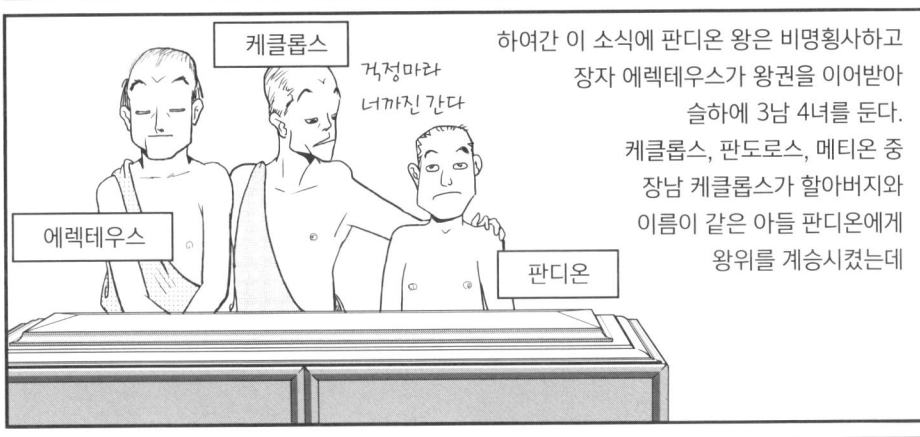

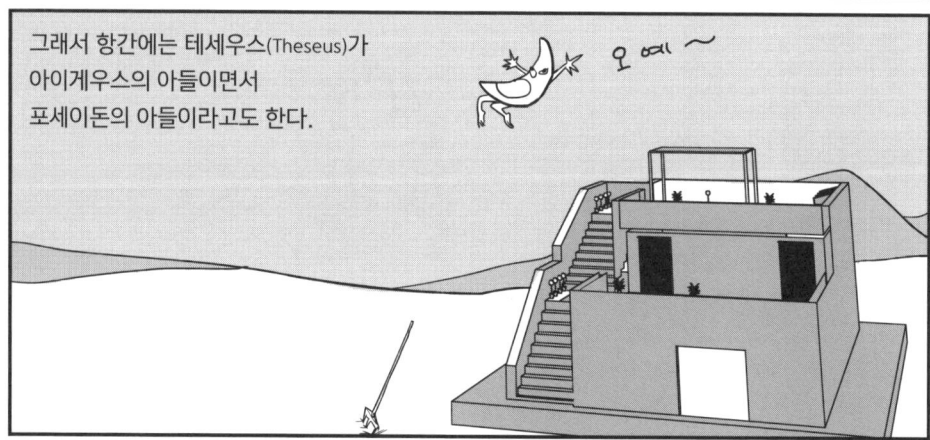

9장 모험에 중독된 리틀 헤라클레스: 테세우스

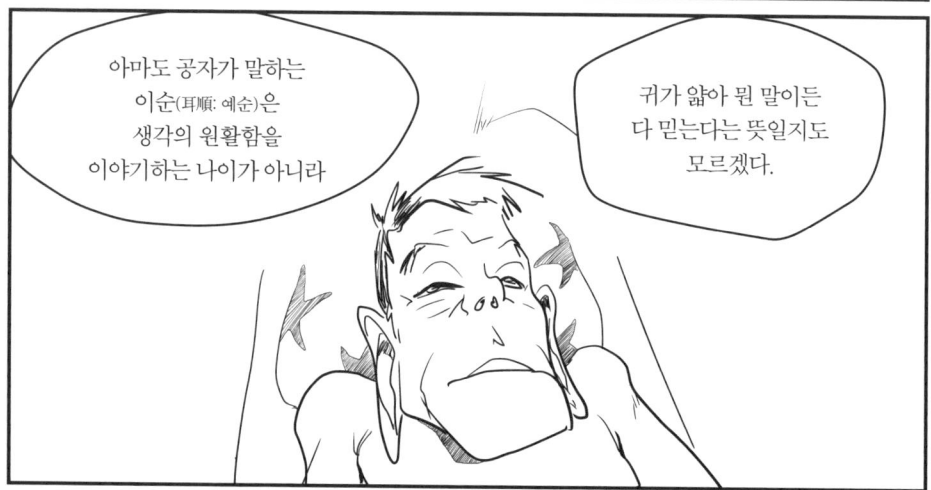

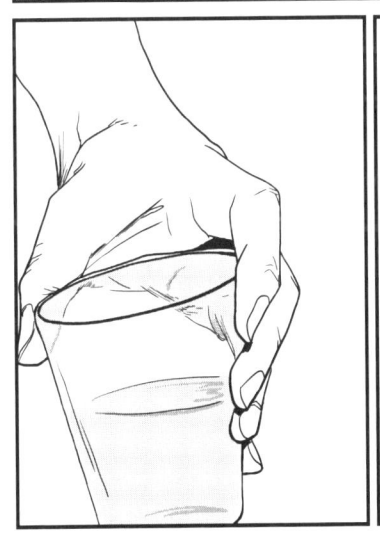

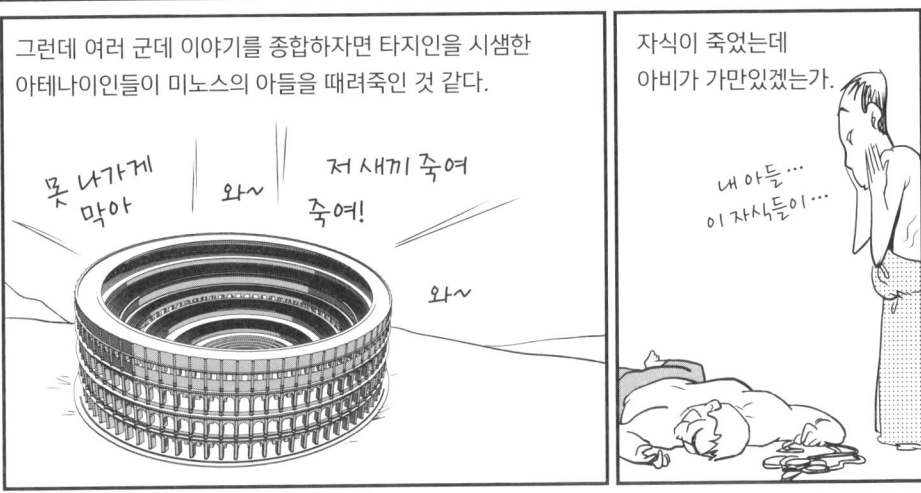

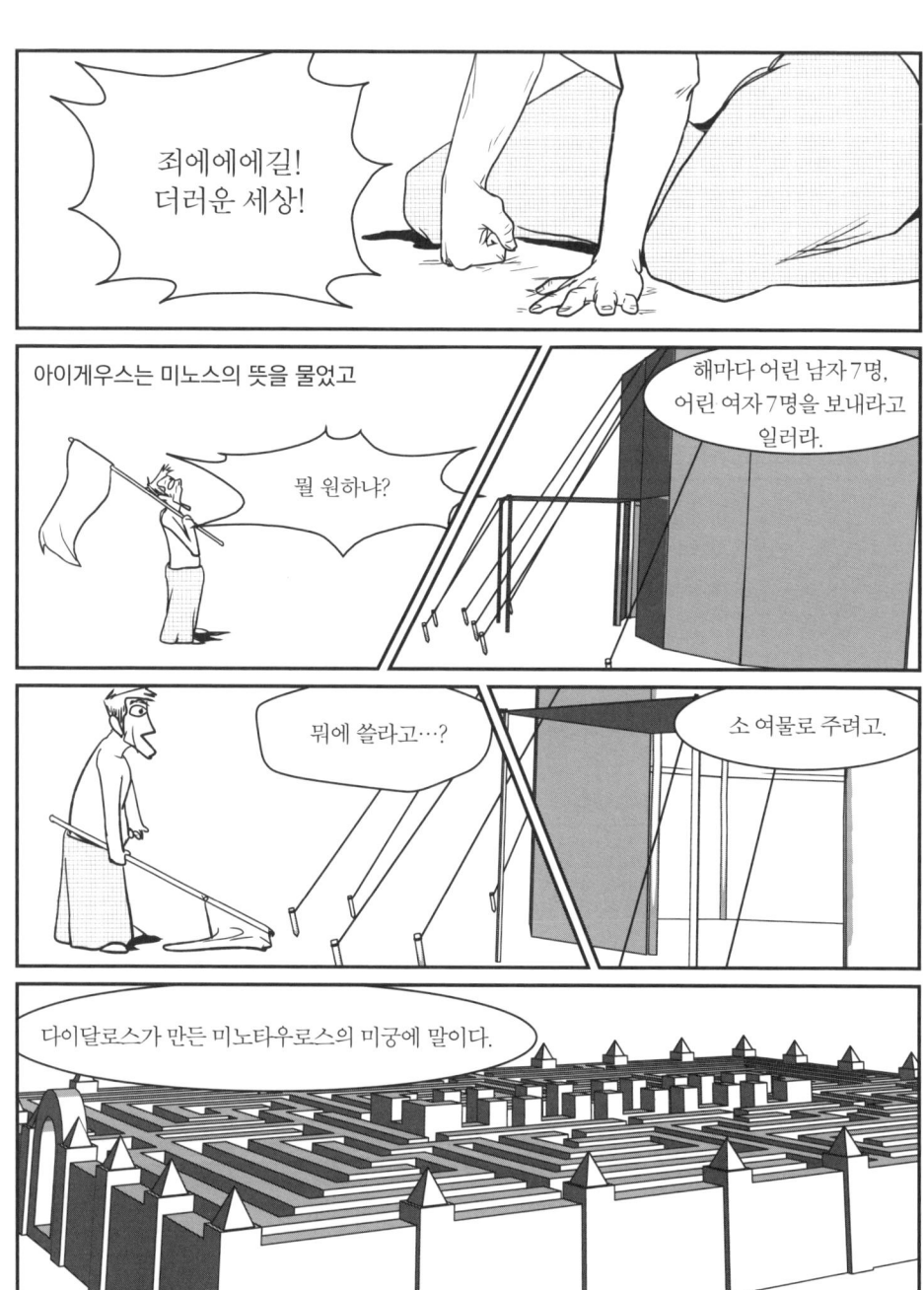

똑똑한 건축가 다이달로스.

발주서
품명: 소 인형

원래 아이게우스의 아테나이 사람이었는데 조카 탈로스의 영특함이 두려워

삼촌, 내가 만든 거야~

아크로폴리스에 던져버렸는데

애 시신이 발견된다.

쯧쯧…

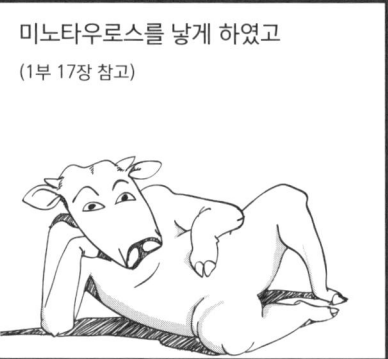

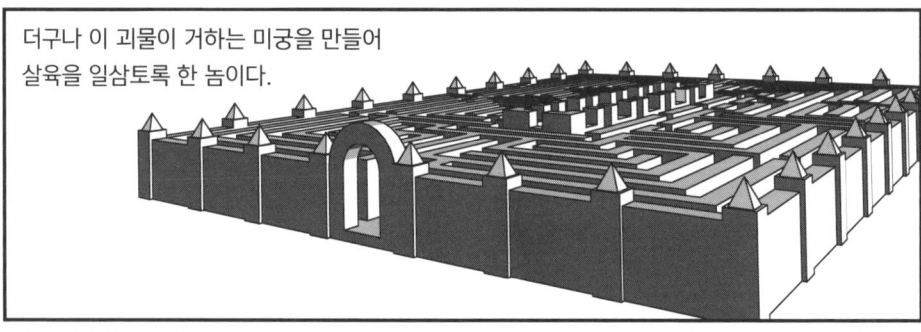

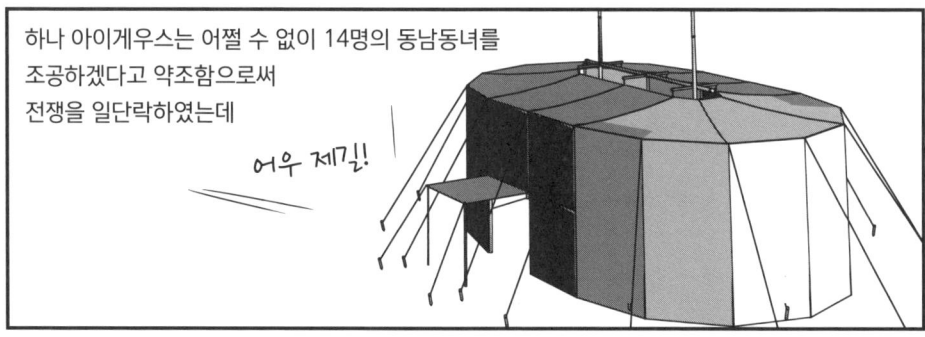

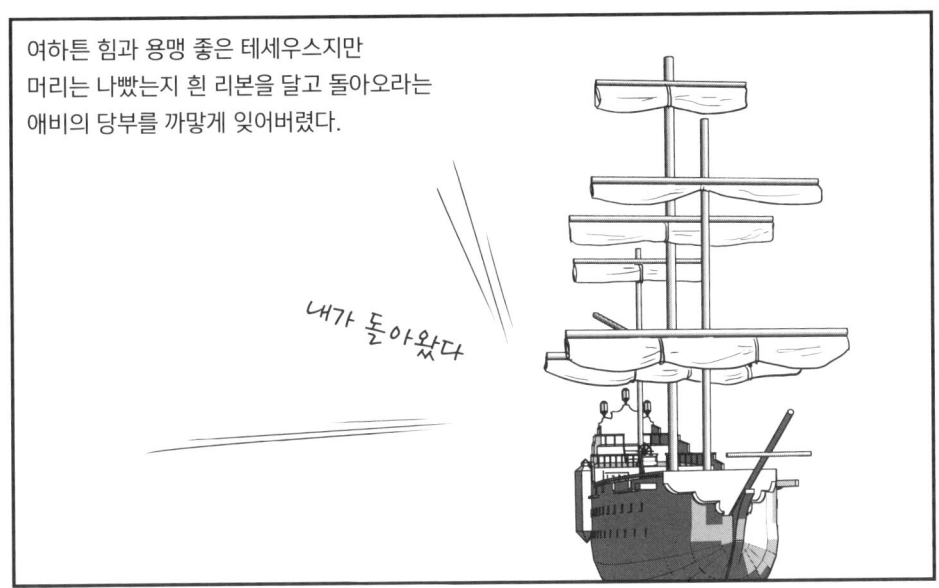

뒤에 따로 이야기하겠지만,
테세우스는
새 마누라 잘못 얻어
가족관계 다 절단난다.

그 사고를 치르고도 또 여자 생각이 나는지… 친구 페이리토오스(Peirithoos)와
여자놀이에 여념이 없다.

난 페르세포네와 결혼할래.

그럼 난 헬레네.

헬레네(Helene)는 제우스의 딸로 아름답기로 정평이 났으며
훗날 트로이 전쟁의 원인을 제공하는 여자다.
그러나 아직은 12세 어린 여자에 불과했다.

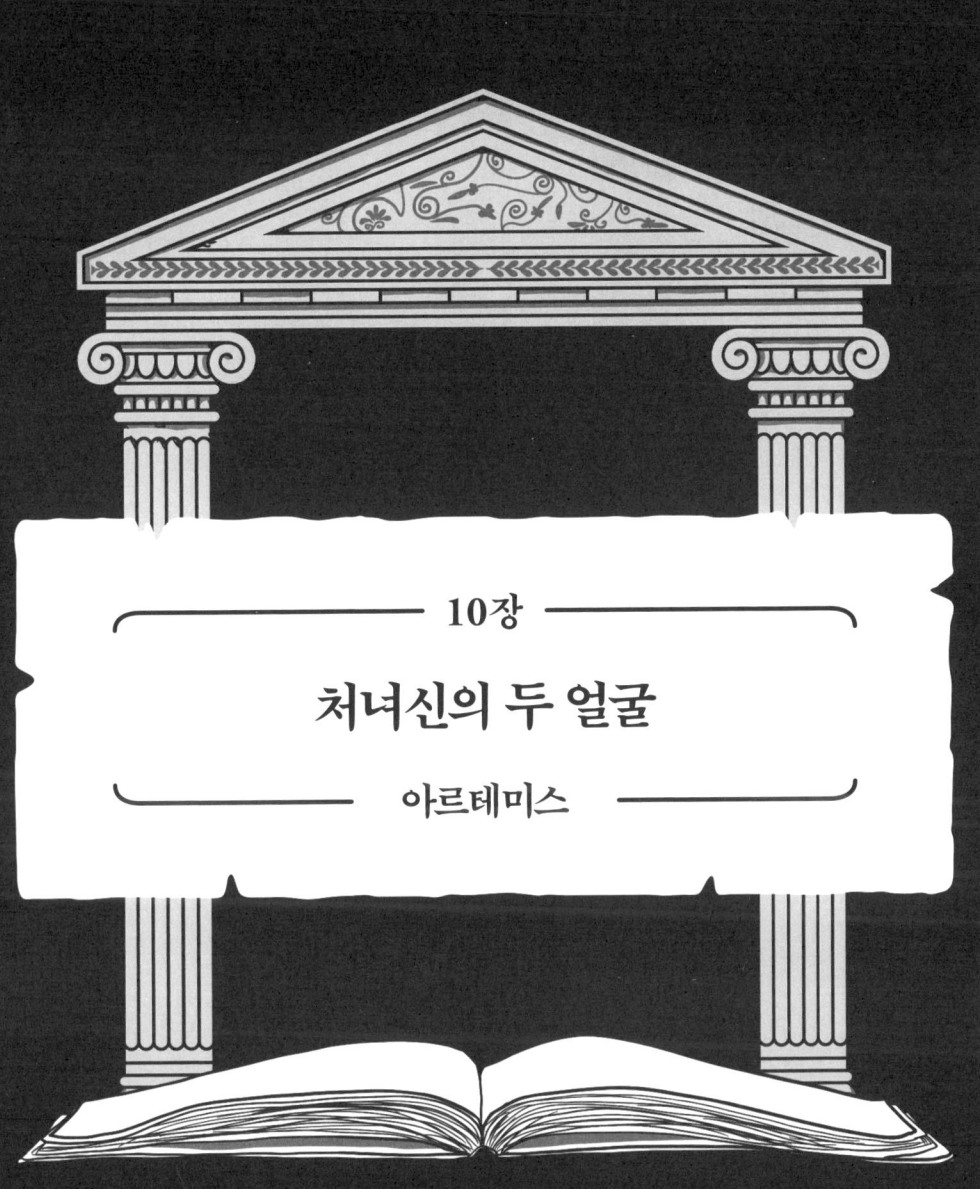

10장
처녀신의 두 얼굴
아르테미스

GREEK AND ROMAN
MYTHOLOGY

제임스 프레이저는 《황금가지》에서 아리키아에 위치한 네미 마을
옆 깎아지른 절벽 밑에 '숲의 디아나'라는 신성한 숲과 성소를 이야기한다.
디아나(그리스명 아르테미스)를 모시는 곳이라 한다.

여기에 거처하는 신들 중에는 비르비우스(Virbius)라는 낮은 등급의 신도 있는데
이는 힙폴뤼토스(Hippolytos)라는 젊은이가
신격으로 바뀐 모습이라 한다.

네미 숲에 전승되는 비르비우스, 즉 힙폴뤼토스의 이야기는 신화에서 차용한 내용과
다르지 않다.

내가 잘 기억하랬지.

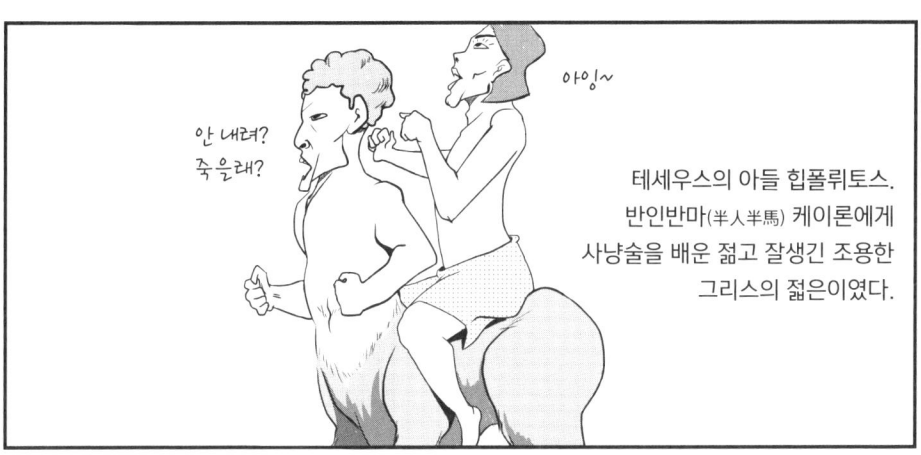

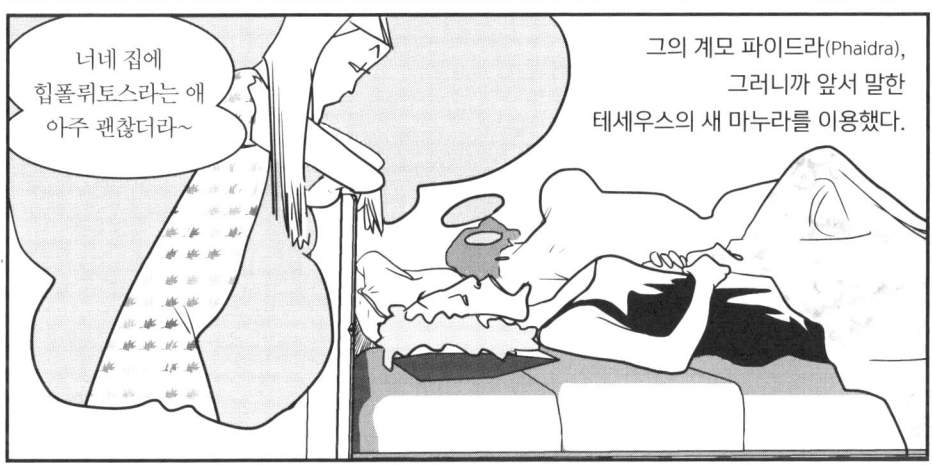

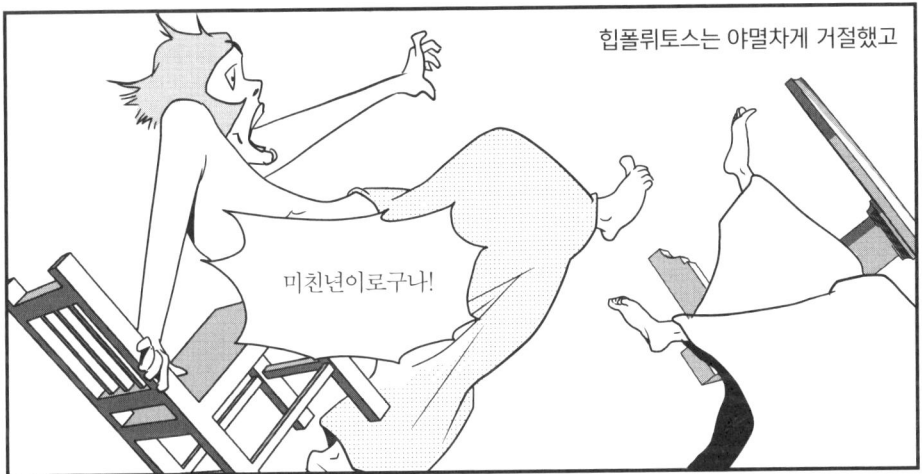

신화학자인 프레이저는 힙폴뤼토스에 대한 아르테미스의 사랑을 연인의 것이라 말한다.

아르테미스는 숲의 신이며 사냥의 신이기도 하지만 다산과 풍요의 신이기도 하다.

신화 곳곳에는 아프테미스가 뿌린 염문의 흔적들이 남아 있다.
토머스 불핀치의 《그리스로마 신화》에 나오는 오리온(Orion)과의 사랑도 그 예다.

1. 오리온은 포세이돈의 아들이다.

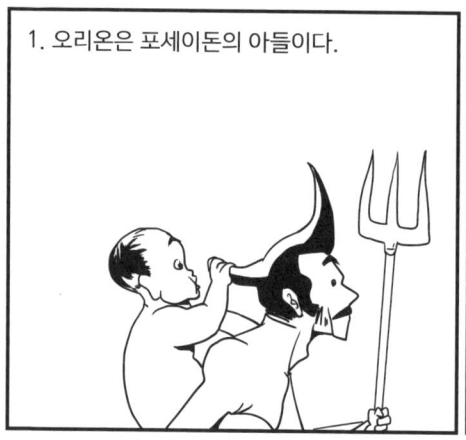

2. 미남에 훌륭한 사냥꾼이다.

3. 그는 바다를 걸어다닌다. 진짜 거인이다.

4. 그는 메로페(Merope)와 결혼하려 했지만

5. 그녀 아버지의 반대로 술 먹고 자다가 눈알을 뽑힌다.

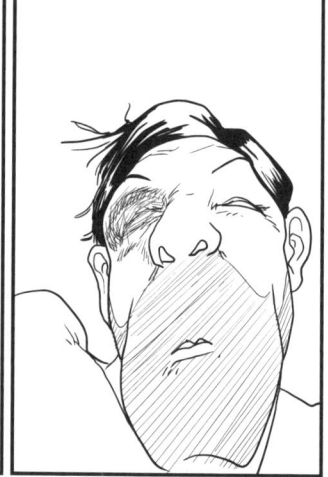

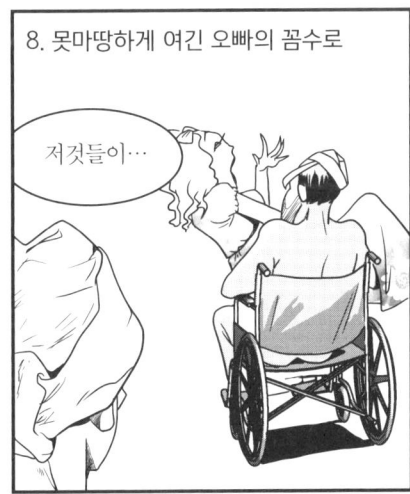

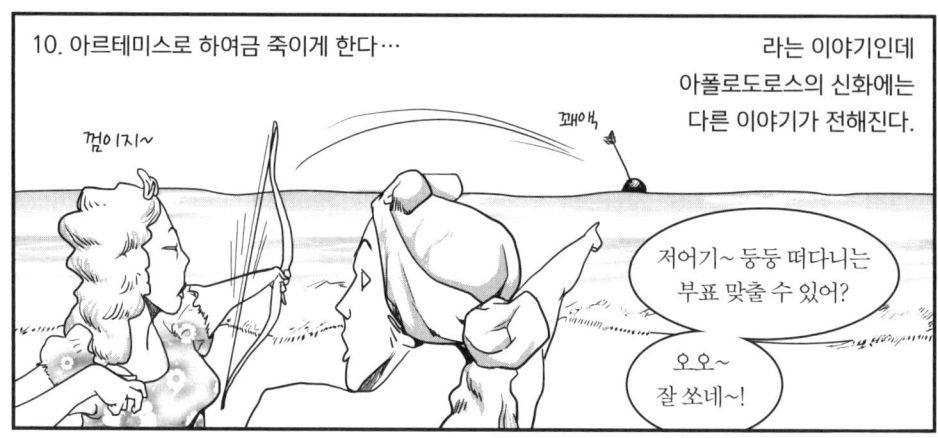

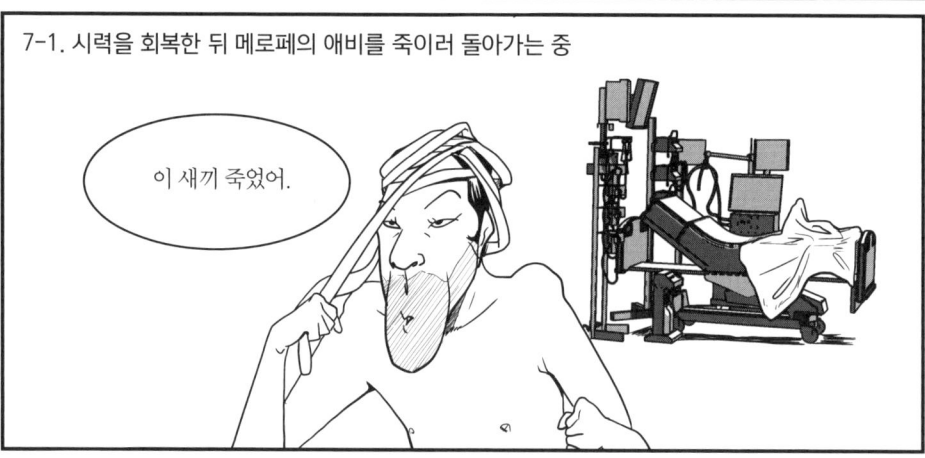

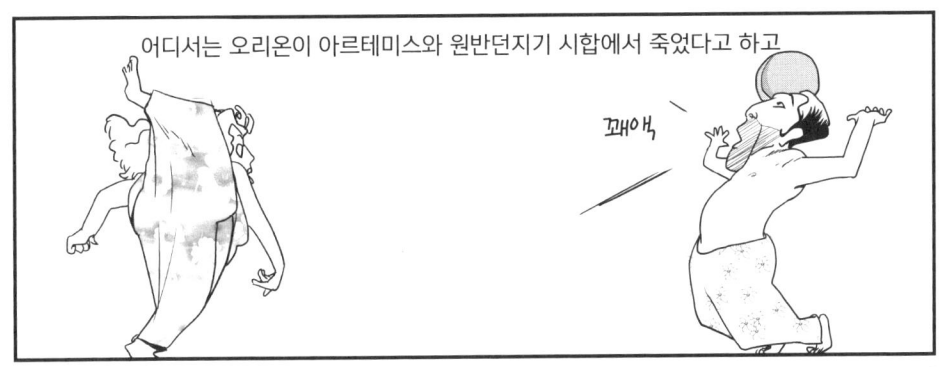
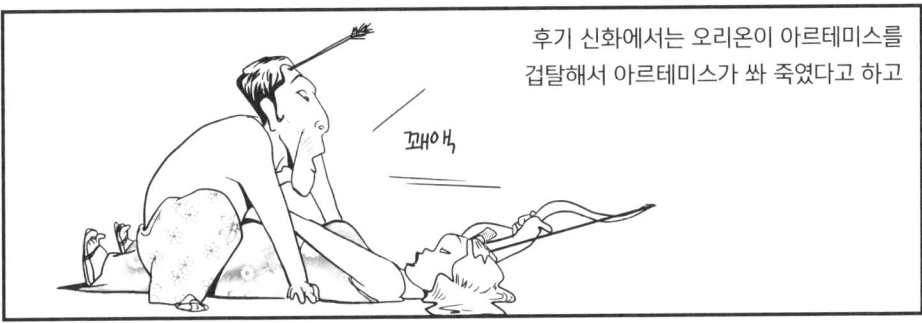
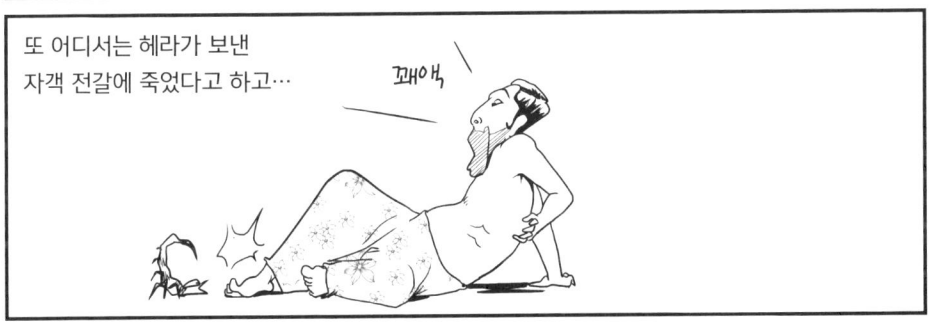

11장
그리스로마 신화의 살상병기
헤라클레스

동족 간의 살해는 인간이 유일하다고 알려졌지만, 기실 동물세계에선 일반적이며 전체적이기까지 하다. 호랑이, 사자, 늑대, 퓨마, 치타, 랑구르 원숭이,
차크마 개코원숭이, 사바나 개코원숭이,
마운틴 고릴라 등등.

진화심리학자 데이비드 버스 교수는 다음과 같이 말한다.

"살인은 인간 본성의 은밀한 내면을 볼 수 있는
엑스선을 제공해준다."

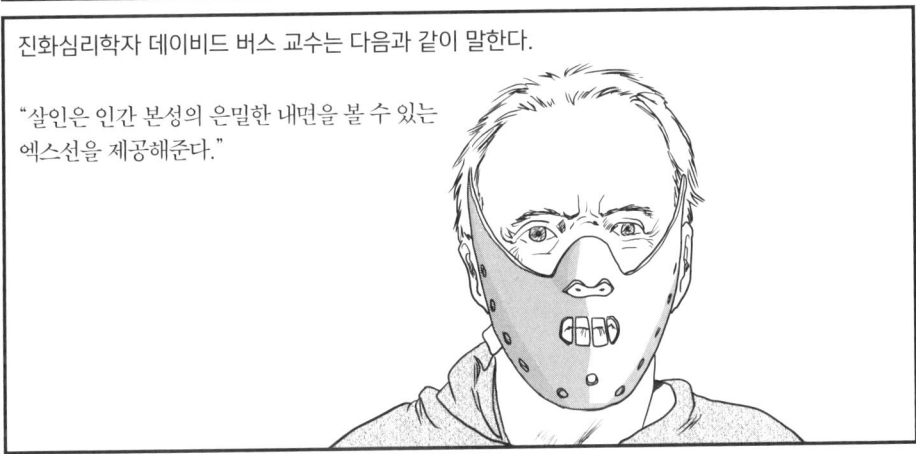

"생존, 지위상승, 명예방어, 매력적인 배우자 획득, 강한동맹, (…)"

"살인은 인간의 여러가지 사회적 갈등에 대하여 최고로 효과적인 해결책이었다."

"살인은 모든 다른 형태의 폭력들과는 질적으로 다르다.
그 사람이 가지고 있는 모든 것을 앗아갈 뿐만 아니라 미래에 소유할 모든 것도 완전히 빼앗는 것이다."

주께서 카인에게 말씀하시기를
"네 아우 아벨이 어디있느냐?"
하시니 그가 말하기를
"나는 모르나이다.
내가 아우를 지키는 자니이까?"
— 창세기 4:5 —

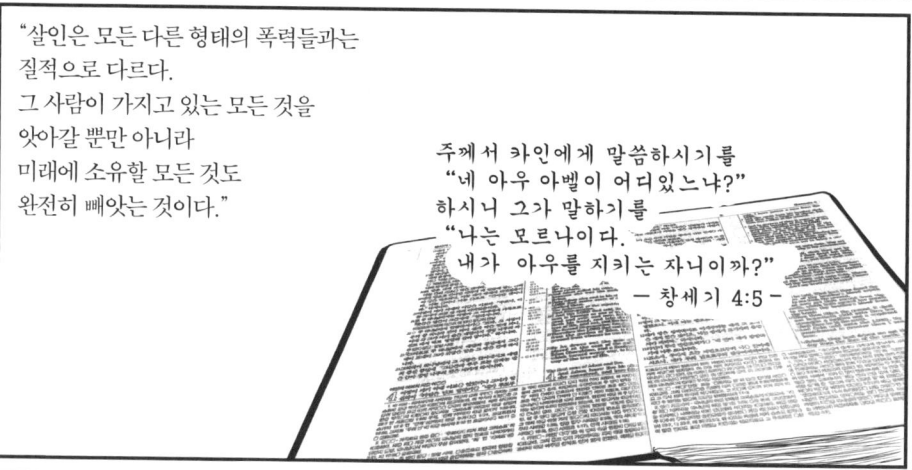

"따라서 살인은 존재의 절멸이거나 무위의 창조일 수 있다.

하지만 살인의 일반화를 막고 있는 것은 사회적 법률이거나 도덕적 제어일 것이다."

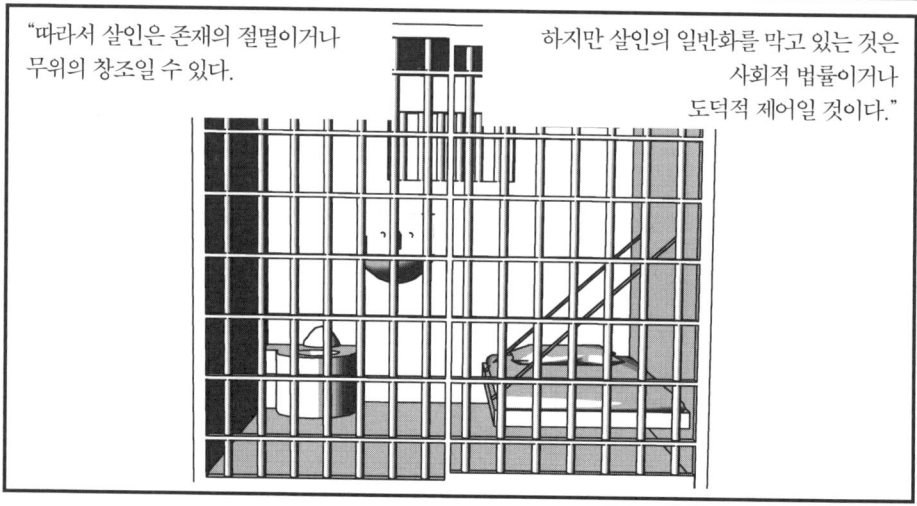

이런 사회적 제재와 도덕적 규약을 탈선하여 사람을 죽이는 살인자들이 있는데,
미셸 푸코는 《비정상인들》에서 모든 작은 탈선의 확대형을 '괴물'이라고 칭했다.

두 개체의 혼합이라는 양성성을 가진 의학적 개념의 괴물과

법, 제도의 위반에 의한 사법적 개념의 괴물이 있다.

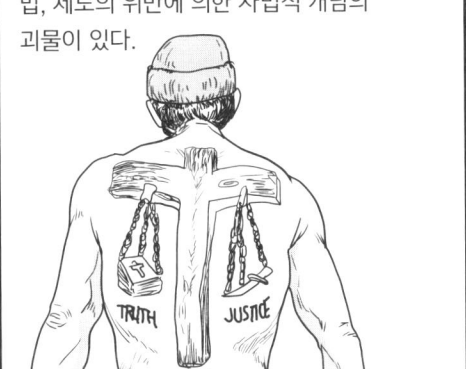

이 잣대로 보자면 헤라클레스는 영웅류가 아닌 괴물류로 보는 것이 옳다.

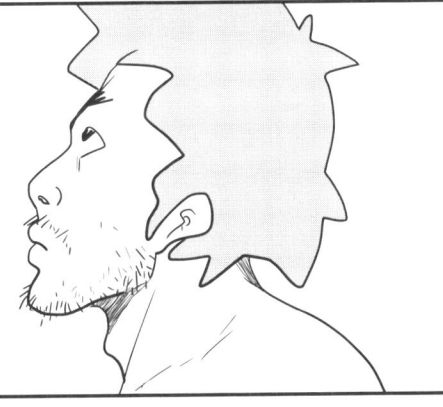

헤라클레스는 너무 많은 살인을 저질렀다. 전쟁이라는 핑계로, 삶의 숙제라는 여정으로,
신의 저주라는 질환으로…

그 시작은 미미하였다.
암피트뤼온과 알크메네의 사이에서
신의 자식으로 태어난 장사.
갓난아기 때 두 손으로 뱀을 죽였다.

그는 암피트뤼온에게서 전차 모는 법, 아우톨뤼코스(Autolykos)에게서 레슬링,
에우뤼토스(Eurytos)에게서 활 쏘는 법, 카스토르(kastor)에게 중무장하는 법,

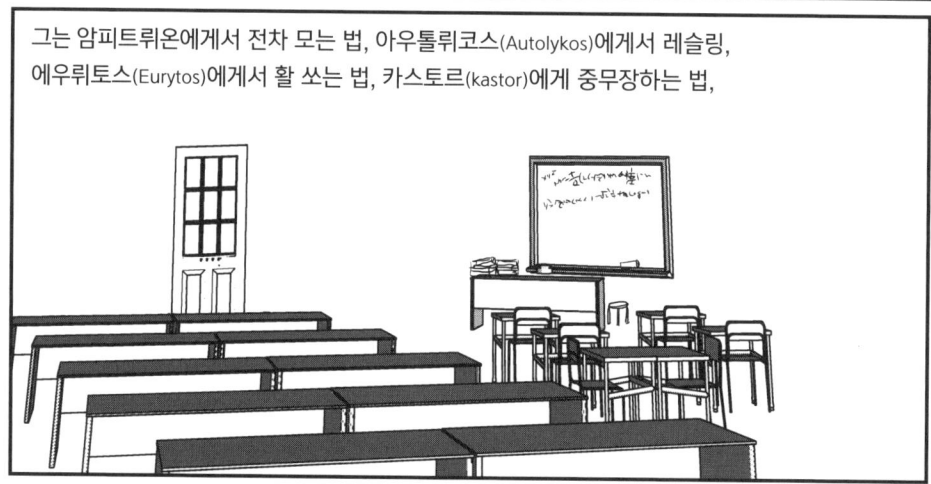

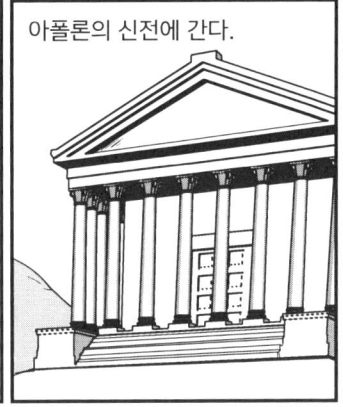

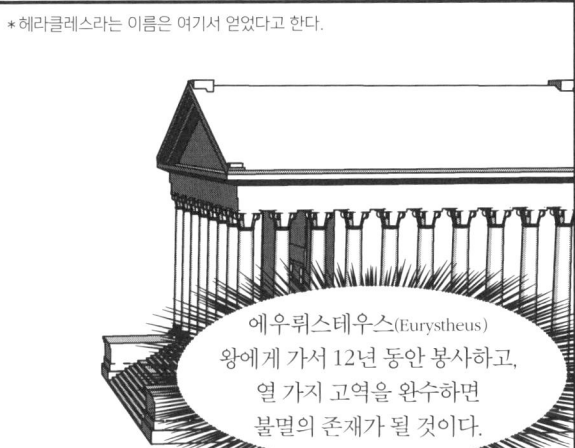

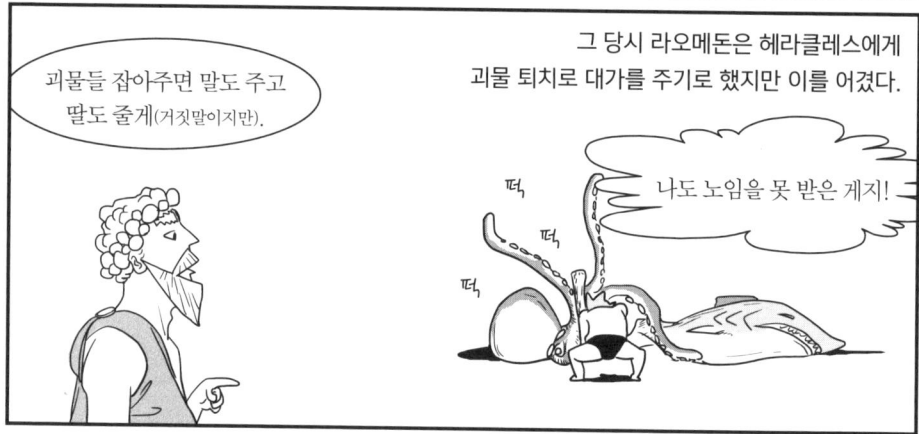

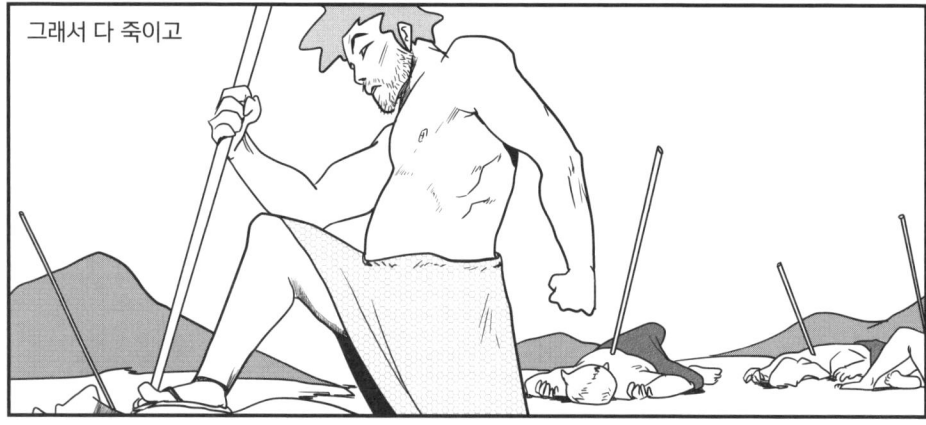

옷에 스며든 넷소스의 피는 휘드라의 독과 함께 헤라클레스의 생명을 앗아간다.

으윽…

난 이렇게 간다…

그놈이 이렇게 복수하는구나…

데이아네이라도 따라갔다.

이게 아닌데…

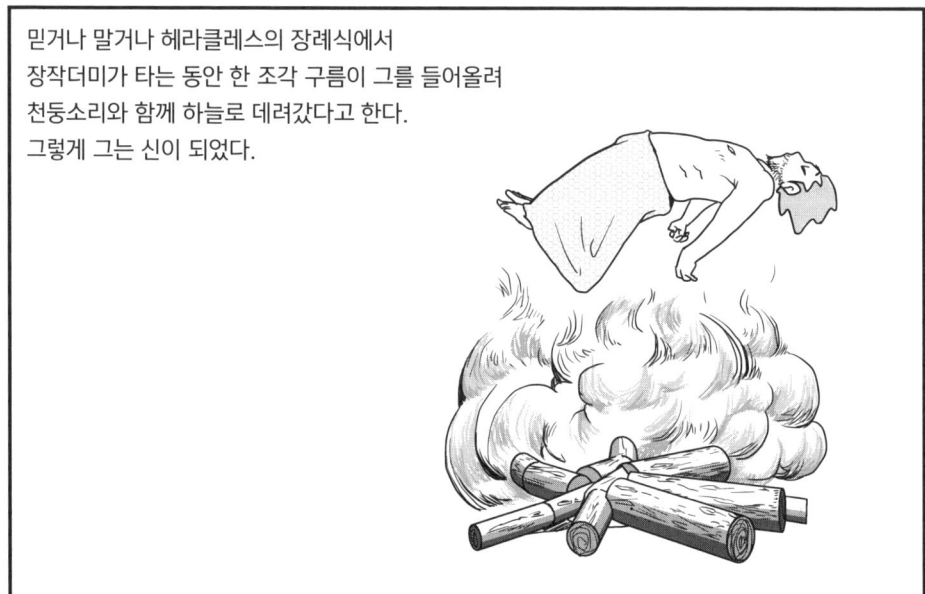

믿거나 말거나 헤라클레스의 장례식에서
장작더미가 타는 동안 한 조각 구름이 그를 들어올려
천둥소리와 함께 하늘로 데려갔다고 한다.
그렇게 그는 신이 되었다.

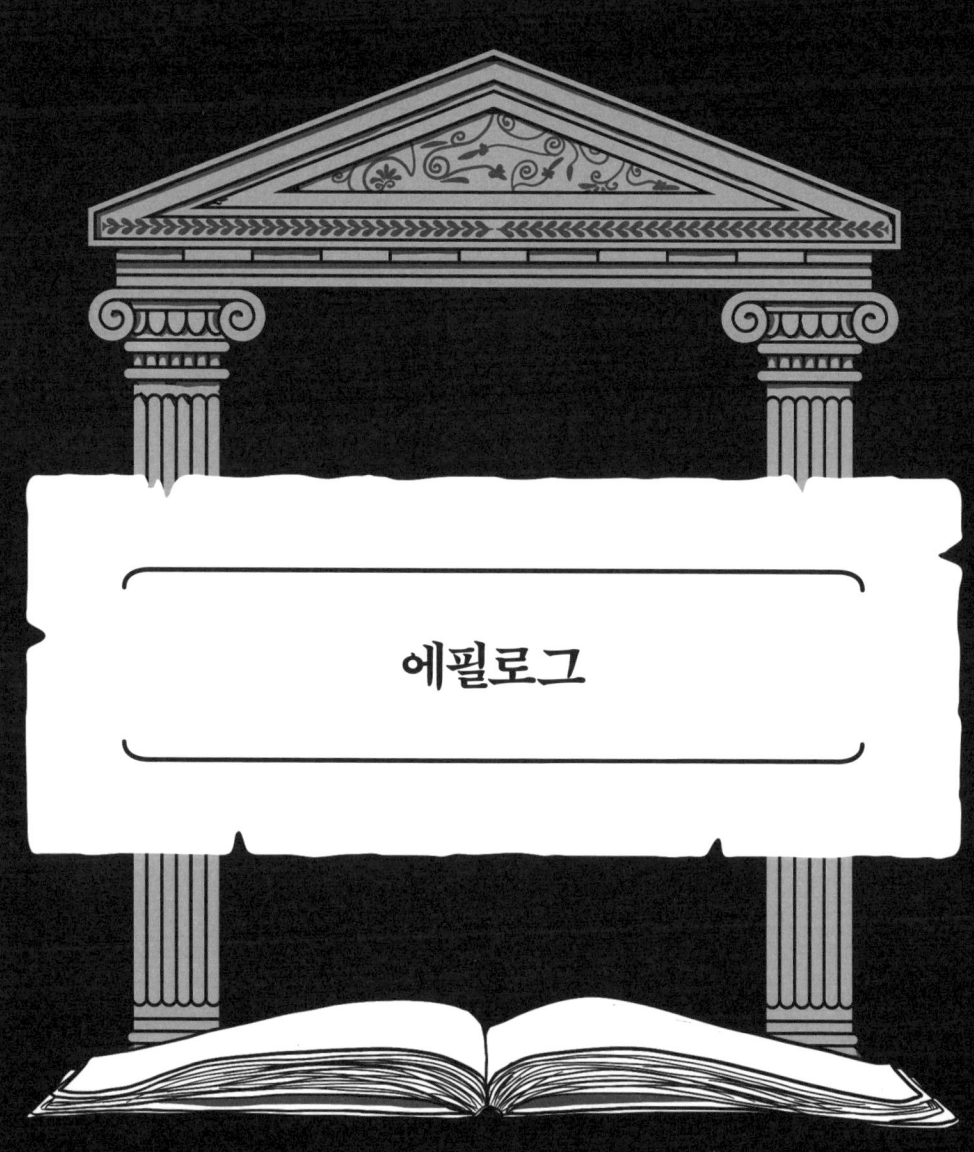

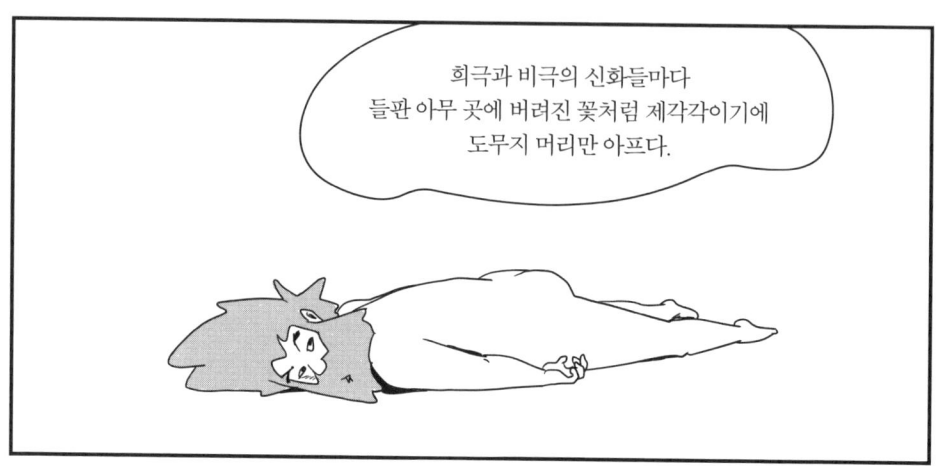

그리스로마 신화 계보도

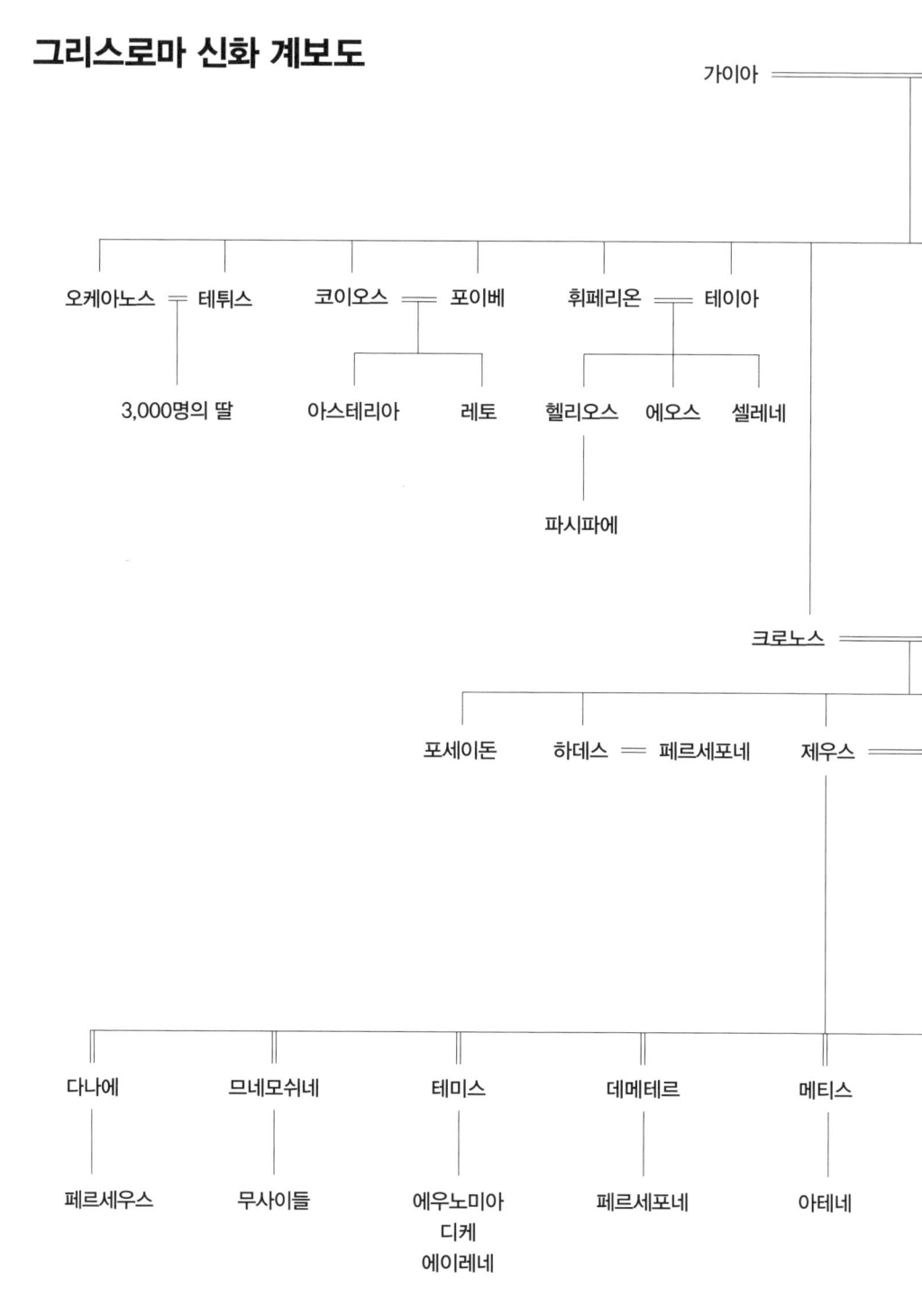

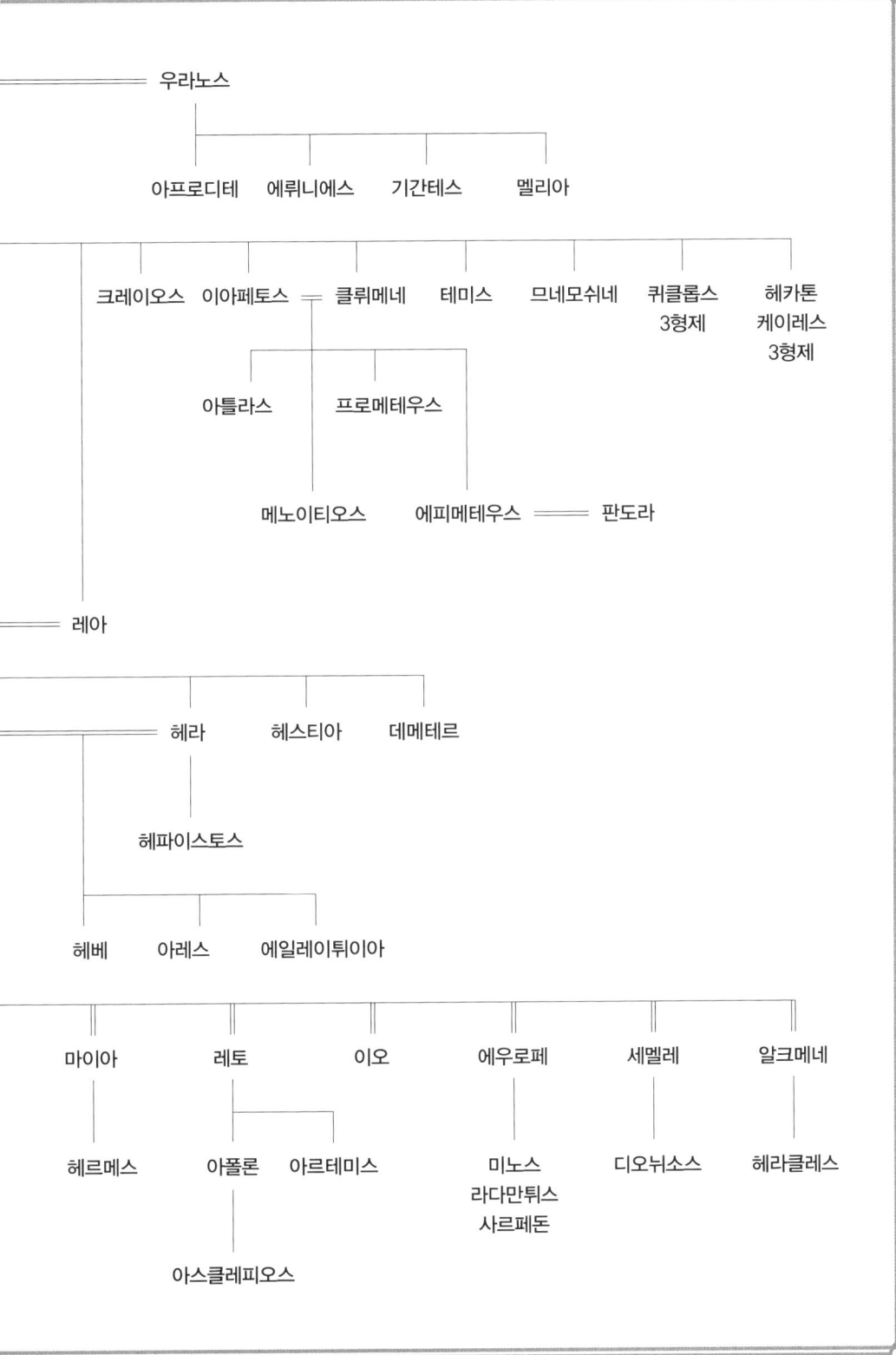

괴물 신들의 계보

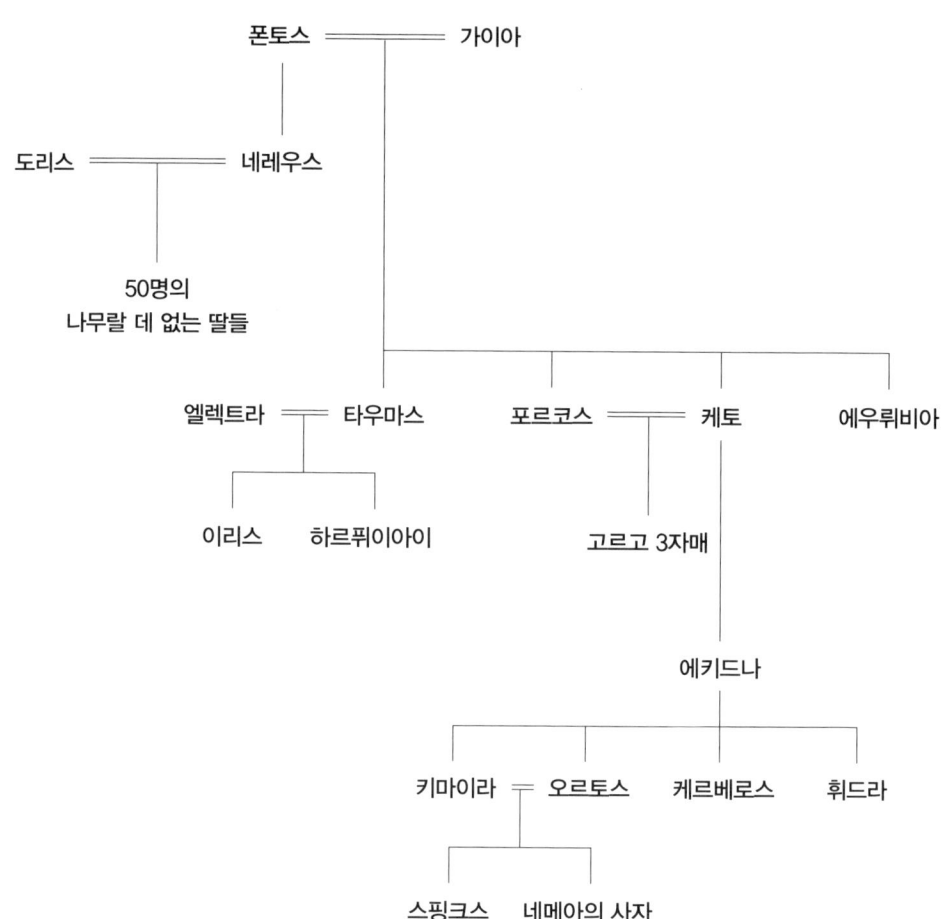

미노스 가문

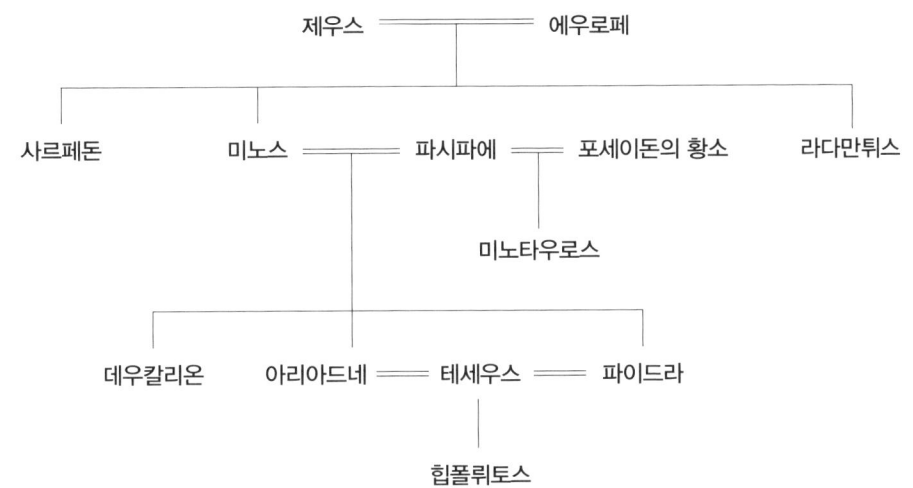

페르세우스 가문

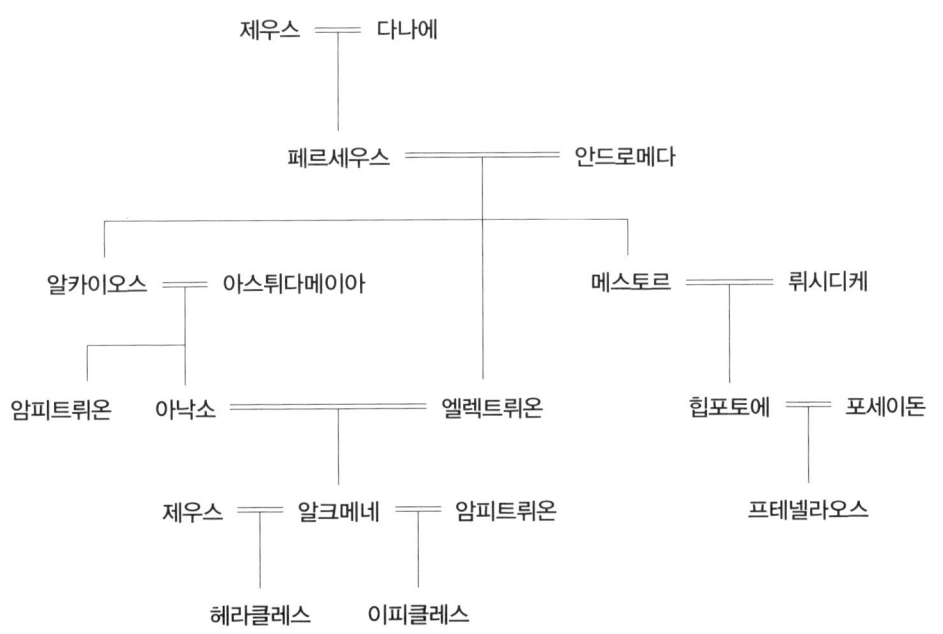

참고문헌

데이비드 버스, 홍승효 역, 《이웃집 살인마》, 사이언스북스, 2006년 7월
마틴 버낼, 오홍식 역, 《블랙 아테나》(전2권), 소나무, 2006~2012년
미셸 푸코, 박정자 역, 《비정상인들》, 동문선, 2001년 4월
베르길리우스, 천병희 역, 《아이네이스》, 도서출판 숲, 2007년 4월
시오노 나나미, 김석희 역, 《로마인 이야기》(전15권), 한길사, 1999~2009년
아놀드 조셉 토인비, 홍사중 역, 《역사의 연구》, 동서문화사, 1978년 10월
아폴로도로스, 천병희 역, 《원전으로 읽는 그리스 신화》, 도서출판 숲, 2004년 6월
오비디우스, 이윤기 역, 《변신이야기》(전2권), 민음사, 1998년 8월
오비디우스, 천병희 역, 《원전으로 읽는 변신이야기》, 도서출판 숲, 2005년 3월
이경덕, 《하룻밤에 읽는 그리스 신화》, 랜덤하우스코리아, 2001년 11월
제임스 조지 프레이저, 신상웅 역, 《황금가지》, 동서문화사, 1979년 4월
조지프 캠벨, 정영목 역, 《신의 가면 3: 서양 신화》, 까치글방, 1999년 12월
조지프 캠벨, 이진구 역, 《신의 가면 1: 원시 신화》, 까치글방, 2003년 1월
존 밀턴, 이경애 역, 《실락원》, 일신서적, 1994년 5월
토머스 불핀치, 김민영 역, 《그리스로마 신화》, 일신서적, 1992년 11월
토머스 불핀치, 이윤기 역, 《신들의 전성시대》, 창해, 2000년 9월
프리드리히 니체, 박준택 역, 《비극의 탄생》, 박영사, 1976년 1월
프리드리히 니체, 강은교 역, 《디오니소스 찬가》, 민음사, 1976년 7월
헤시오도스, 김원익 역, 《신통기》, 민음사, 2003년 11월
헤시오도스, 천병희 역, 《신들의 계보》, 도서출판 숲, 2009년 9월
호메로스, 강영길 역, 《오디세이아》, 홍신문화사, 1992년 8월
호메로스, 강영길 역, 《일리아드》, 홍신문화사, 1992년 8월

야밤에 읽는 만화 그리스로마 신화

ⓒ 김원경

초판 1쇄 인쇄 2019년 12월 5일
초판 1쇄 발행 2019년 12월 13일

지은이 김원경
펴낸이 이상훈
편집인 김수영
본부장 정진항
인문사회팀 이승한 고우리
마케팅 조재성 천용호 박신영 조은별 노유리
경영지원 정혜진 이송이

펴낸곳 한겨레출판(주) www.hanibook.co.kr
등록 2006년 1월 4일 제313-2006-00003호
주소 서울시 마포구 창전로 70(신수동) 화수목빌딩 5층
전화 02) 6383-1602~3 **팩스** 02) 6383-1610
대표메일 book@hanibook.co.kr

ISBN 979-11-6040-328-2 03210

- 책값은 뒤표지에 있습니다.
- 파본은 구입하신 서점에서 바꾸어 드립니다.
- 이 책의 일부 또는 전부를 재사용하려면 저작권자와 한겨레출판(주) 양측의 동의를 얻어야 합니다.